그 길 위에는
그리움이
있다

도서출판

마음공부

그 길 위에는
그리움이
있다

강숙원 글·그림

도 서 출 판

민낯의 살아온 날 거울

을타원 강숙원乙陀圓 姜淑圓 교무敎務가 현직에서 일할 때 다른 두 명의 여자 교무와 함께 3인 수필집 《청림》을 냈다. 그때 수필집을 받아보고 세 명 각자 특색 있는 필치로 내용이 신선하고 문장이 깔끔하여 호감을 갖고, 이런 작업이 계속되었으며 좋겠다는 조언으로 독서회 모임을 몇 번 했었다. 모임은 오래 이어지지 못했고, 수필집도 나오지 못해 아쉬워했는데 이제야 그 아쉬움이 풀렸다.

을타원은 원불교 전무출신專務出身으로서 정녀貞女의 삶을 살았다. 한 수행자로 살아온 삶이 《그 길 위에는 그리움이 있다》를 낳고, 민낯의 살아온 날 거울이 되었다. 문자로 기록한 자서전이 아니라 '생각의 울림'으로 살아온 날을 말하고 있다.

마음에 와 닿는 몇 구절에서 을타원의 한 인간, 한 수행자를 생각한다.
일생을 평범하지 않은 '출가出家의 삶'을 결정하고 떠나며 짐 속에 속세의 책 두 권을 챙기고, 그 시작의 낯선 곳을 찾아가면서 왔던 길을 되돌아가듯 담담하다.

여고를 졸업하던 그해 겨울, 나는 아버지께 하직 인사를 올리기로 했다. 내 출가에 대해서 완강히 반대하시던 아버지가 급기야 하직 인사를 받기로 한 날이다. 퇴근 후 늦은 시간까지 얼큰하게 취하신 채 추운 밤길을 걸어오신 아버지는 고개를 숙인 내 손을 꼬옥 잡아주셨다. 아버지의 손은 서럽도록 차가웠다. "그래 이제 네가 선택한 길이니 뒤돌아보지 말고 열심히 살아라!" 하시며 아버지는 내 등을 다독여 주셨다. 눈물이 볼을 타고 뚝뚝 흘러내렸다. 희미한 불빛 너머로 비친 아버지의 눈빛도 젖어있었다.
〈출가〉

영산선원으로 떠나던 날, 나는 두 권의 책을 가방 속에 챙겨 넣었다. 헤르만 헤세의 소설《지와 사랑》. 그리고 전혜린의 산문집인《그리고 아무 말도 하지 않았다》이다. 출가를 결심하던 날 아끼던 책마저 모두 미련 없이 버리고 떠나자고 다짐에 다짐을 했던 터다. 그러나 끝내 두 권의 책만큼은 버리지 못했다.
〈그리고 아무 말도 하지 않았다〉

을타원은 눈에 보이는 현상을 귀로 들을 수 있는 소리로 변환하는 언어의 연금술을 부리고 있다. 현상이 소리가 되고, 소리는 다시 마음을 비집고 들어와 온몸을 적신다. 항상 눈을 뜨고, 귀를 열고, 마음을 보는 감성의 소유자가 아니면 할 수 없는 작업이다.

새벽, 잠에서 깨어나 창문을 열면 뿌연 물안개 속에서 이슬을 털고 일어서는 산들의 나직한 기척이 가슴을 설레게 한다.

〈산 곁에서 산이 그립다〉

멀리서 중계터널을 지나 불어오는 바닷바람은 하섬의 달빛어린 솔향기를 싣고 온다. 그 향기 속엔 근원을 사모하는 이의 그리움이 배어있다. 산은 바다를 연모하고 바다는 산을 연모하며 수행자의 그리움을 키워주는 이곳에서 나는 오늘도 '제멋에 겨워 흥!' 하며 보내고 있다.

〈제멋에 겨워 흥!~〉

을타원은 수행자로 살면서 가슴 한 모퉁이에 인간으로의 정情을 보관하고 살았다. 그 정은 혼자만의 정이 아니라 옆 사람을 위한 정이었다. 그것은 수행과정을 넘어서고, 세상과 어울려 사는데 힘이 되었을 것이다.

"글쎄~ 진아, 교무님은 여러 사람들의 교무님이지?" "응" "진이의 엄마가 되면 여러 사람들의 교무님이 될 수 없을 텐데. 그래서 교무님은 그냥 교무님이라고 부르면 좋겠어." 소녀는 "피이"하고 입을 비죽거렸다. 그 큰 눈엔 금세 눈물이 그렁그렁 고였다. 나는 말없이 소녀를 꼭 안아주었다. 내 가슴도 촉촉하게 젖고 있었다. 소녀가 떠난 뒤에야 나는 후회했다. 그냥 엄마라고 부르게 할 것을.

〈소녀와 편지〉

을타원은 출가하여 일생을 수행자로 살고, 그리고 연륜이 쌓여 어른이 되었을 때 어떻게 살지? 미래 소망의 삶을 두 이야기로 대답하고 있다.

　　차에서 내린 스승과 나는 구두와 양말을 벗었다. 수박은 머리에 이고 나머지 짐은 하나로 묶어 들고 길을 재촉했다. 비 온 뒤 무더위라 등이며 이마엔 땀이 비 오듯 쏟아졌다. 그래도 제자를 그리워하는 스승의 마음은 무거운 짐을 뒤로 하고 단숨에 달려 마침내 교당에 닿았다.
〈자전거 향기는 바람에 날리고〉

　　"수행자는 가난해야 도에 가까이 갈 수 있다"며 선택된 가난과 무소유의 삶을 역설하시던 스님은 비록 종교는 다르지만 수행자의 길을 걷는 내게 늘 경종을 울리는 스승이요, 닮고 싶은 선배이기도 하다.
〈자연의 소리를 들어야지〉

　　을타원은 일생 걸어온 길 뒤를 보았다. 그리고 그 길에서 그리움을 추렸다. 그리움은 간직하고 싶은 것이며, 간직해야 할 것이다. 길은 걸어가야 할 길과 걸어온 길 두 길이 있다. 이번에 걸어온 길 뒤를 보았으니 이제는 걸어가야 할 앞을 보아야 한다. 걸어온 길의 그리움을 알았으니 이제 이 그리움이 주고 싶고, 주어야 할 그리움으로 생성하는 그 이야기를 앞으로 다시 듣고 싶다.

총산 박달식 / 원로교무

책머리에

지나온 내 길 위의 나날들, 그 아련한 기억의 저편에는 한 폭의 수채화처럼 남아있는 그리움들이 있다. 뭐 별것은 아니다. 그저 평범하게 살아온 날들의 사소하고 소박한 삶의 이야기를 생각나는 대로 편편이 건져 올린 것들이다.

천방지축, 실수투성이의 나날이었고, 늘 사는 일이 서툴러서 절뚝거리며 걸어온 길이다. 뭐 하나 이룬 것도, 내놓을 것도 없는 삶이지만 그래도 이 회상 한 모퉁이에서 교무의 길을 걸어온 것만으로도 내게는 축복이었고 참 아름다운 여정이었다.

글쓰기란 물론 누군가 읽어줄 독자를 의식하는 작업이기는 하다. 그러나 또한 무엇을 남기고 보여주기 위한 것만이 아니라, 그냥 내게 수고했다고 말을 건네며 나를 위로하는 혹은 나를 돌아보는 치유의 작업이기도 하다. 이 글은 후자에 속한다. 그래서 삐뚤빼뚤 서툰 문장으로 빛바랜 사진첩을 들추듯이 그 그리움들을 끄집어내며 혼자 즐거웠다.

글의 일부는 월간원광과 월간교화, 일간지 등에 실렸던 것들을 모으기도 하고, 그 연장선상에서 다시 기억을 정리해본 것들이다. 그때는 상처였고 아픔이었고 부끄러웠던 것들도 돌아보니 모두 나를 키워준 사랑이었음을 고백한다.

한 교무의 사소한 삶의 이야기들 너머로 그 글의 행간에서 우리가 살아온 시대의 교단의 문화와 정서를 엿보며 작은 공감의 장이 된다면 덤으로 이 책을 엮은 보람이라고 생각한다.

끝으로 책을 펴내 준 소태산 마음학교의 균산 최정풍 교무, 양영인 교무와 직원 여러분, 그리고 바쁜 와중에도 편집·교정에 도움을 준 여타원 장여숙 교무와 토음 디자인의 박유성님에게 깊이 감사의 마음 전한다.

동산수도원에서 강숙원 합장

차례

 4　민낯의 살아온 날 거울
 8　책머리에

I 난타공연

18　염주목걸이
20　나의 희망
22　출가
24　전생
26　굴껍질
28　깨인지 풀인지
30　난타공연
32　불꽃놀이
34　사고뭉치 선생님과 아이들
36　산 경전
38　불심검문
40　소의 변명
42　야옹이와 아옹다옹
44　옹기함지박
46　재로 변한 스승의 난닝구
48　오 맙소사
50　딸딸이 시승식

II
소나기

54 바람이 그리운 날
56 그녀
58 떠돌이 스님
60 목탁새
62 종이와 볼펜으로 담은 김치
64 스승님의 막춤
66 그리고 아무 말도 하지 않았다
68 소나기
70 내 별은 언제 그 별이 될래
72 내 존재의 자리
74 도둑과 홍시감
76 전혜린의 머리
78 미역귀와 양푼 밥
80 자전거 향기는 바람에 날리고
82 백숙잔치
84 자연의 소리를 들어야지
88 떠나버린 기차
92 갈고리와 삶은 달걀

III 흰 고무신

- 96 어디 먹을 것이 없어서
- 98 당신 북에서 왔어?
- 100 옳소교에 빠진 나
- 102 트렁크 속의 보물
- 104 귀신과 함께
- 106 불발된 꿈
- 108 소녀와 편지
- 112 단잠을 깨운 방해꾼
- 114 저녁 밥상
- 116 틀니
- 118 흰 고무신
- 122 감에 대한 애도
- 124 그 해 여름
- 128 도둑과의 대화
- 132 된장이 왜 거기 있어?
- 134 지네와의 동침
- 138 마이크 시험 중
- 140 내 텃밭에 은하수를 뿌려놓았네
- 142 앗 기름!

IV
교무는
나의 운명

148 오 법신불사은이시여!
150 그 강물에 몸을 적셨다
152 첫 취재의 추억
154 교무는 나의 운명
158 아버지의 작별인사
160 엄마의 룸메이트
162 아름다운 도형씨
164 잔인하십니다
166 변산의 바람
168 5백 만 원의 비밀
170 공칠이가 따로 없지
172 멧돼지 일가족
174 아 그랬는가?
176 별밤지기
178 산골의 무법자
180 뱀의 눈빛
184 산 곁에서 산이 그립다
186 신기한 자취

V
제 멋에 겨워
흥~

190 삶의 쉼표가 필요하다
192 제 잔이 넘치나이다
194 조급해 하지 말아요
196 숨은 빛깔로
198 잠깐 멈춰요
200 제 멋에 겨워 흥~
202 생명의 보물창고
204 찔레꽃, 그리고 일상
206 지금 이 순간
208 비움과 채움
210 겨울 풀처럼
214 사랑할 시간이 많지 않다는 것을
216 소중한 사람에게 전하는 선물
220 불량품
222 영모묘원에서

난타공연

염주목걸이

　　　　　　나는 동생을 너무 일찍 보는 바람에 어릴 적부터 자주 외가에 맡겨지곤 했다. 동생에게 엄마를 빼앗기고 막내이모와 함께 외할머니 젖을 빨며 그렇게 엄마에 대한 그리움의 허기를 달랜 것이다. 굴러온 돌이 박힌 돌을 빼낸다고, 나는 막내이모의 젖을 얻어먹는 주제에 할머니 젖무덤을 혼자 다 차지하려고 이모와 매일 티격태격하며 이모의 구박과 미움을 사곤 했다. 그 때마다 외할아버지와 할머니는 언제나 내편을 드셨으니 정작 젖무덤의 주인인 막내이모는 많이 속상해 했다.

　외가에 가면 나는 또 같은 동네에 사는 큰댁을 오가며 외증조할머니와 큰할아버지 할머니의 재롱둥이로 귀여움을 독차지하곤 했다. 외증조부와 돌아가셔서 뵙지 못한 할머니는 마령교당에서 소태산 대종사를 친견하시고 신성을 받친 분으로, 따님인 오종태. 종순 자매를 전무출신 시킨 대종경 실시품 27장 분이다. 기억 속의 증조할머니는 항상 맑고 인자하신 미소를 지으며 손에 108염주를 굴리고 계셨다.

증조할머니가 계시던 큰집은 가을이면 율무를 따서 햇볕에 말리곤 했는데, 나는 종종 그 반짝거리는 회색빛 율무를 한 움큼 집어다가 실에 꿰어 목에 걸고 신나게 뛰어놀곤 했다. 그때마다 증조할머니는 흰 이를 드러내고 활짝 웃으며 내 머리를 쓰다듬고 "부처님 되거라!" 하셨다.

나는 또 외할머니가 따다 놓은 강낭콩을 실에 길게 꿰어서 목에 걸고 마을로 학교로 냇가로 뛰어다니곤 했다. 외할머니는 그런 내게 "저년이 중들처럼 콩만 보면 맨날 실에 꿰어 목에 걸고 다니네." 하고 야단을 치셨다. 친구들도 킥킥거리며 "야 그건 중들이 하고 댕기는 거여!" 하고 놀렸지만 나는 오히려 아이들에게 "매롱!" 하고 혓바닥을 내밀며 철없이 즐거웠다.

어릴 적 그런 내 염주놀이는 늘 염주를 굴리시던 증조할머니의 영향을 받은 것일까? 아니 어쩌면 그것은 무의식속에 내제된 전생의 습관 같은 것이었는지도 모른다.

후일 여고를 졸업하던 해 나는 고모할머니인 형타원 오종태 선진^{당시 영산선원 원장}이 계시던 영산선원 공양원으로 타박타박 걸어 들어갔다.

나의 희망

　　초등학교 4학년 가을이었다. 학교에서 "나의 희망"이라는 주제로 교내 백일장 대회가 열렸다. 담임선생님은 장차 커서 자기가 이루고 싶은 꿈과 희망에 대해 글을 써보라고 하셨다. 아이들은 저마다 책상에 엎디어 진지하게 자기의 꿈과 희망을 써내려 가는데 장난만 치는 아이들도 있었다.

　나는 글짓기 제목을 보며 문득 엄마와 함께 보았던 영화 '이차돈의 사'를 떠올렸다. 그리고는 장차 이차돈 같은 스님이 되고 싶다는 얘기를 거침없이 써내려갔다. 당시 그 영화는 어린 내게 이차돈 스님에 대한 존경심을 갖게 할 만큼 깊은 감동을 주었던가 보다.

　나는 원불교 모태신앙인으로 초등학교 때부터 진안교당 어린이회에 열심히 다니며 엄마를 따라 '원효대사'와 '이차돈의 사' 같은 불교 영화를 많이 볼 수 있었다. 또한 불교 설화나 스님들 이야기는 물론 책과 영화, 라디오 연속극 등 불교에 관한 것은 빼놓지 않고 다 섭렵하셨던 엄마의 영향으로 내게 스님 이야기는 익숙했던 터다. 먼 훗날에야 알았다. 엄마는 나를 원불교 교무로 키우려는 꿈을 가지고 있었고, 암암리에 의도된 가정교육을 하셨다는 것을.

어찌됐건 나는 그 때 이차돈과 같은 스님이 되고 싶다는 희망을 글로 썼고, 공교롭게도 그 글이 백일장대회에 입선을 했다. 그리고 담임선생님은 입선작인 내 글을 반 아이들에게 읽어주었다. 나는 선생님이 읽어주시는 내 글을 숨죽이며 듣고 있는데, 친구들은 입을 틀어막고 나를 바라보며 키득키득 웃고 있었다.

그리고 한동안 반 아이들은 나를 보면 "너 중 된다며? 중중 까까중! 정말 중 될 거야?"하고 놀려대곤 했다. 그런데도 나는 부끄럼 없이 "응 나 중 될 거야!" 하고 응수하며 당당했다. 아마도 스님은 훌륭한 사람이라는 것에 대한 자부심이 있었던가 보다.

아무튼 엄마의 의도된 꼼수가 숨어있긴 했지만 어릴 적 어쩌다 선택한 그 출가의 희망이 정말 나의 길이 되리라고는 생각하지 못했다. 왜냐면 나는 그 희망을 까마득하게 잊어버리고, 또 다른 꿈을 꾸며 사춘기를 보냈으니까. 게다가 엄마에게 반항하며 엄마가 원하는 '교무님'은 절대 되지 않겠다고 다짐했던 터였다.

출가

아무리 생각해도 나의 출가는 어느 전생의 업(業)이거나 피치 못할 약속이었을 것이다. 왜냐하면 사춘기시절 나는 교무는 절대로 되지 않기로 맹세했으니까.

어릴 적부터 내 기억 속의 엄마는 늘 내가 원불교 교무가 되기를 바라셨다. 언젠가 듣게 된 엄마의 고백인데, 사실 엄마는 교무가 되고 싶었지만 부모님의 반대로 꿈을 이루지 못했다고 한다. 그래서 첫째인 나를 뱃속에 품고 있을 때부터 교무가 되기를 바라는 소망을 가졌다고 했다.

그런 엄마의 바람과는 달리 사춘기의 반항아였던 나는 단지 엄마가 권하기 때문이라는 이유만으로 무조건 청개구리가 되었다. "너를 위해서"라는 엄마의 말을 가증스러워하며 그것은 당신이 이루지 못한 꿈을 나에게 강요하는 것이라고 어깃장을 놓곤 했다.

그러나 고등학교 졸업을 앞두고 출가의 길은 운명처럼 내게 다가왔다. 삶의 의미에 대해 물음표를 던지면서 콧방귀도 뀌지 않던 내 마음의 빗장을 열고 어느 새 '교무의 길'에 관심을 갖기 시작했다.

여고를 졸업하던 그 해 겨울, 나는 아버지께 하직인사를 올리기로 했다. 내 출가에 대해서 완강히 반대하시던 아버지가 급기야 하직 인사를 받기로 한 날이다. 퇴근 후 늦은 시간까지 얼큰하게 취하신 채 추운 밤길을 걸어오신 아버지는 고개 숙인 내 손을 꼬옥 잡아 주셨다. 아버지의 손은 서럽도록 차가웠다. "그래 이제 네가 선택한 길이니 뒤돌아보지 말고 열심히 살아라!" 하시며 아버지는 내 등을 다독여주셨다. 눈물이 볼을 타고 뚝뚝 흘러내렸다. 희미한 불빛 너머로 비친 아버지의 눈빛도 젖어있었다.

이제와 고백하건대 나는 사실 그날 밤 아버지가 나의 출가를 다시 한 번 간곡히 말리면 그만 포기 할 것이라고 다짐했던 터였다. 뒤돌아보고 싶었던 순간, 달아나고 싶었던 순간들도 참 많았다. 그럴 때마다 그날 밤 서럽도록 차가웠던 아버지의 체온이 내 영혼의 정수리에 채찍처럼 와 닿곤 했다.

전생

출가하여 영산선원 공양원으로 내가 2년 동안 머물던 방은 선원식구들이 식사도 하고 바느질도 하는 '대중방'이었다.

옷가지 몇 개를 넣은 작은 가방을 들고 처음 그 방으로 안내되어 가던 날, 방문에 들어서던 나는 깜짝 놀라 뒷걸음질을 쳤다. 희미한 불빛 아래 펼쳐진 방안의 풍경이 분명 어디선가 많이 본 듯이 조금도 낯설지 않았기 때문이다.

앉은뱅이 책상이며, 다듬잇돌, 재봉틀. 그리고 미닫이 다락이며 방문들… 그 모든 것이 모양새며 놓인 위치까지도 다 낯이 익어서 마치 내가 살던 곳에 온 느낌이었다. 그러나 그곳은 19살 나의 생애에 분명 처음 방문한 곳이었다. 세상에 태어나서 단 한 번도 내가 그곳에 있게 될 것이라고는 생각조차 해본 적이 없는, 아니 그런 지역이 있다는 것조차도 알지 못했던 곳이다.

그런데도 웬일인지 그 방은 낯이 익었고 오랜 친구나 혹은 고향집처럼 편안하고 따뜻했다. 방안의 모든 것들은 내 손때가 묻어 있는 듯 거기 그 자리에서 이미 오래 전부터 나와 함께했던 것처럼 느껴졌다. "언제 왔던 것일까?" 고개를 갸웃거리며 아무리 생각해봐도 이 생의 기억 속에는 인연이 없는 곳이 분명했다.

그 날 밤 솔가지 불에 데워진 따끈한 아랫목에 누워 어둠 속의 천장을 응시하며 나는 아득히 먼 무의식의 기억 저 편, 어느 전생의 시간 속으로 빠져들었다. 낯익은 느낌에 집착하고 있던 것일까? 어둠과 적막함마저도 낯설지 않았다. 그리고 그 방 어딘가에 마치 내 영혼의 분신이 깃들어 있는 듯 전율스럽기까지 했다.

단언하건데 어느 생에선가 내가 살았던 곳이 분명했다. 그것은 더 이상 확인이 필요 없는 진실이라고 믿었다. 전생 어디쯤에서 아마도 나는 그 방에 머물며 수선修禪대중의 밥을 하는 불목하니 노릇이라도 했을 것이다.

그렇게 피할 수 없는 인연의 필연을 느끼며 영산선원의 공양원 생활은 좌충우돌 시작되었다.

귤껍질

여고를 졸업하던 그 해 겨울, 나는 길벗을 자처하며 따라나선 동생과 함께 영광 시골버스가 내려놓고 간 논산리부락 입구에서부터 산 설고 물 설은 길용리를 찾아갔다.

"워매! 내 젖통 뽀사지것네!"

갑자기 귀에 들어오던 버스 안에서 만난 여인들의 걸쭉한 남도 사투리를 흉내 내며 우리자매는 재게재게 쉬엄쉬엄 꼬부랑 산길을 걷고 또 걸었다. 길을 물어가며 얼마를 걸었는지, 영산선원에 도착하니 겨울 석양빛이 쓸쓸하게 저물고 있었다. 나는 동생의 손을 꼬옥 잡았다. 낯선 외로움과 긴장감이 엄습해왔다.

누군가의 안내로 들어 간 곳은 그을음으로 까맣게 도배된 부엌 속의 침침한 골방이었다.(당시 그곳은 자가발전기로 30촉 백열등을 사용하였음) 객들을 기다린 듯 방에 앉아있던 주인은 앉으라는 건조한 한 마디를 던지고는 뭔가 담겨진 그릇을 내밀며 먹어 보라고 했다.

나는 그것이 뭔지도 모른 채 하나를 집어 입 속에 넣고 씹었다. 그러나 바로 캑캑거리며 그만 뱉어내고 말았다. 약간 딱딱하고 질긴 그것은 향기는 그럴 듯한데 맛이 강하고 독특해서 씹을 수가 없었다. 동생은 아예 입에 대지도 않고 손으로 만지작거리기만 하는데, 방주인은 태연하게 그것을 씹고 있었다.

처음 씹어 본 그것은 대체 뭘까 궁금했다. 그때서야 침침한 불빛 사이로 자세히 살펴보니 꾸덕꾸덕하게 말린 귤껍질이었다. 순간 나는 "잘못 온 것은 아닐까? 이런 걸 다 먹으라고 주다니…. 원장님이 인생 철학을 공부한다고 하신 말씀은 말짱 거짓말인지도 몰라!" 나는 의심의 눈초리로 방주인을 슬쩍 살펴봤다. 그런 나의 표정을 읽었는지 귤껍질을 유유하게 씹던 방주인은 "교무가 되려면 이런 것도 먹을 줄 알아야 돼!" 하고 퉁명스럽게 한마디를 던졌다.

나는 교무가 되려면 세상 사람들이 잘 먹지도 않는 귤껍질을 왜 먹어야 하는지 알 수가 없었다. 그것은 꽤 오랫동안 화두가 되었다. 언젠가 한 번은 그 기억을 떠올리며 마른 귤껍질을 잘근잘근 씹어본 적이 있다. 그 얼얼한 맛은 여전했지만 씹고 나니 특유의 향이 입안 가득히 고였다.

교역의 길에서 때때로 그 귤껍질 같은 맛을 느낄 때가 많았다. 교무는 단맛 쓴맛 아린 맛은 물론 그 어떤 맛도 묵묵히 씹어 넘길 수 있어야 한다는 것을 조금씩 알아가고 있다.

깨인지 풀인지

　　　　　　스승의 명(命)을 받들고 솥을 아홉 번이나 뜯어고친 구정선사의 이야기를 귀에 못이 박히도록 들으며 선원에서의 공양주 생활은 19살의 가파른 고개를 오르고 있었다. "마음 밭도 함께 매라"는 스승의 말씀 따라 나의 첫 출가 생활은 밭매기부터 시작되었다. 오뉴월 해는 점점 길어지는데 호미를 든 나는 끝도 보이지 않는 사래 긴 깨밭에 홀로 앉혀져 난생 처음 밭을 매게 된 것이다.

　이제 막 서너 개의 떡잎을 단 깨밭에 쪼그리고 앉긴 했지만 무성한 풀과 깨가 한데 어우러져서 어느 것이 풀이고 어느 것이 깨인지 좀처럼 분간할 수가 없었다. 애꿎게 호미로 바닥을 긁어대며 앞으로 나가보려고 안간힘을 썼지만 이랑 끝은 보이지 않고 아득하기만 했다. 자꾸 구름이 흘러가는 하늘만 눈에 가득 들어왔다. 나도 구름을 따라 가고 싶었다.

　점점 다리가 아파왔다. 나는 아예 깨밭에 주저앉아 뭉그적거리며 하늘 한 번 쳐다보고 호미질 한 번 하며 하느작하느작 하루해를 보내고 말았다. 깨밭을 뒤돌아보니 그나마 뽑히지 않은 깨순이 모두 엉덩이에 눌리고 부러져서 "에구 죽겠네!" 하며 비명을 지르고 있었다.

  나는 호미를 놓고서 내 무지한 호미질에 뽑히고 엉덩이에 짓밟힌 깨순과 풀을 어루만지며 아예 밭두렁에 주저앉아 노을이 지는 하늘만 하염없이 바라보았다. 앞산에서 울어대는 뻐꾸기소리가 깨밭의 적막을 깨트리며 기어이 내 그리움의 봉우리를 터트리고 말았다. "어엉~엉엉!" 쏟아지는 눈물을 걷잡을 수가 없었다. 눈이 퉁퉁 붓도록 울었다. 그렇게 울고 나니 그리움도 한풀 꺾이는 듯 했다. 그 날 밤 공사시간에 스승은 "마음 밭은 얼마나 맸느냐?"고 물었다. 나는 그 말이 무슨 뜻인 줄도 모르고 그냥 씨익 웃었다.

난타공연

　　　　　　살림이라곤 젬병이던 내가 영산선원의 부엌살림을 도맡아 운전하게 되었다. 운전면허도 없이 운전대를 잡은 셈이다.
　청명한 가을 날 점심메뉴로 무생채를 하기로 했다. 뒷밭에 나가 크고 야무지게 자란 무를 뽑아서 깨끗이 씻은 후, 제법 그럴듯한 폼으로 칼을 잡고 채썰기를 했다. 나의 첫 난타공연이 시작된 것이다. 수업이 진행 중이던 선원은 투명한 햇살과 소슬한 바람의 속삭임도 들릴 만큼 고요했다. 투욱 투욱…! 둔탁한 칼 소리는 고요를 깨트리며 부엌문너머까지 퍼져나갔다.
　울력 때 선원생 언니들의 칼질하는 모습을 보면 마치 신기에 가깝도록 빠르고 날랬는데 그것이 맘대로 되는 일은 아니었다. 번번이 칼질이 어긋나기만 하고, 썰어 논 무를 보니 조금 과장하자면 쪼게 놓은 장작개비였다. 뭉툭뭉툭 들쭉날쭉… 도무지 사근사근한 무채가 아니었다.
　팔이 아프도록 한참 칼질을 하고 있는데 홀연 등 뒤에 누군가의 시선이 느껴졌다. 손을 멈추고 돌아봤다. 뒷짐을 진 스승께서 물끄러미 나를 바라보고 계셨다. 서툰 내 칼질 소리가 숙소까지 들렸던 모양이다. 부엌 초년병의 칼질 소리에 마음이 놓이지 않았던지 안쓰러운 표정으로 나를 보시던 스승은 "네가 하는 소린 줄 알았다." 하시며 미소를 지었다. 스승은 종종 그렇게 소리 없이 부엌문 앞에 서서 칼과 도마로 난타공연을 하는 철부지 제자의 실황을 지켜보곤 했다.

시간이 가면서 나의 난타공연도 제법 절묘한 앙상블을 연출하게 되었다. 도마와 칼로 신나게 "타다다다다!!" 하고 무채를 썰던 날, 내 공연을 지켜보던 스승은 빙긋이 웃으며 "네가 이제 좀 익어가는 가보다." 하셨다.

생각해보면 뭐 하나 제대로 해내는 것이 없던 속수무책인 나를 말없이 이끌어 주시고 서원을 키워주신 스승의 은혜를 이제야 알 것 같다.

불꽃놀이

　　　　　길용리 영산선원, 그곳은 당시 내 젊음의 유예된 꿈처럼 문명의 시간들로부터 비켜 서 있었다.
　실습기간도 없이 내게 선원대중의 밥 짓는 일이 맡겨졌다. 크고 육중한 무쇠 솥이 바위처럼 다가왔다. 드르륵 겨우 솥뚜껑을 열면 어둡고 아찔한 공간 속으로 익사 당할 것만 같았다. 그것은 내 작은 손이 다루기엔 너무 버거운 무게였다.
　그러나 몇 개월이 지나자 나의 솥뚜껑 운전도 제법 익숙해져서 생밥, 탄밥, 된밥, 진밥을 거쳐 거의 완벽하게 촉촉하고도 고슬고슬한 밥을 지어낼 수 있게 되었다. 물론 그것은 눈물 콧물 흘려가며 물과 불의 조절 비법을 홀로 터득했기 때문이다.
　가을날 이바리 계곡에서 선원생들이 울력을 통해 장만한 솔가지 나무는 단연 화력이 우수한 최고의 땔감이었다. 뒷마당에 차곡차곡 쌓아 놓은 솔가지 땔감은 밥 짓는 식당에서만 쓸 수 있었다. 대중 밥을 짓는 나는 땔감에 관한 한 특권을 누린 셈이다. 다른 숙소의 군불은 마른 볏

짚이나 콩대 혹은 왕겨를 사용했으니까.

　넓은 아궁이에 잘 마른 솔가지 한 다발을 푹 집어넣고 불을 지핀 후, 밥물이 끓어오를 때까지는 불길이 잦아들지 않도록 연이어 나무를 한 묶음씩 넣어준다. 그럴 때마다 거세어진 불길은 시뻘건 혀를 날름거리며 무쇠솥을 달구었다. 솔향기가 가득 베인 현란한 불꽃은 언제나 황홀했다. 그 불길 속에서 나는 어떤 자유와 해방을 맛보며 넋을 잃고 나만의 아름다운 불꽃놀이에 빠지곤 했다.

　그러다가 순식간에 달려드는 불길에 의해 내 나일론 몸빼는 수난을 당하기 일쑤였다. 물론 눈썹을 그을리거나 신발을 태우는 일도 빈번했다. 흥부의 아내보다 더 누덕누덕 기우고 기운 내 몸빼는 어느 새 선원의 명물이 되었다. 야학생 아이들은 나를 보면 "누나 오늘도 태웠지?" 하고 짓궂게 묻곤 했다. 스승님은 내게 마음을 어디에 두느냐며, 일심으로 불을 잘 때는 것이 공부라고 수 십 번을 타이르셨다. 그러나 그 말씀은 들리지 않고, 타오르는 불꽃은 더 황홀하고 매혹적이었다.

　생각해보면 그 불꽃놀이는 차마 버리지 못하고 떠나온 내 좌절된 꿈의 비상이요, 뜨거운 날들의 출구이기도 했다.

사고뭉치 선생님과 아이들

선원에서 생활하는 동안 가장 즐거웠던 일은 아이들을 가르치는 일이었다.

당시 선원에서는 중학교 진학을 하지 못한 동네 아이들과 선원 간사 아이들을 위해 야학을 열었다. 스승님께서는 공양원인 내게 야학 국어 선생 발령을 내려주셨는데, 나는 겁도 없이 덜컥 그 일을 맡아 하게 된 것이다. 물론 자격증도 없는 교사인지라 아이들 입장에서 보면 딱한 일이긴 했지만 나는 무엇보다 그 일이 즐거웠고 나름대로 보람을 느낄 수 있었다.

그러나 '야학선생'은 어디까지나 내 부업이었기에 본업인 공양원 생활에 쫓기다 보면 수업준비 할 틈도 없이 저녁시간이 돌아오곤 했다. 일하다 말고 수업하러 뛰어온 아이들의 사정 또한 마찬가지다. 밥 짓다가 태워먹은 몸빼를 미처 갈아입을 시간도 없이 달려간 선생님과, 기계를 만지느라 얼굴이며 손발에 잔뜩 기름때를 묻히고 온 동수, 군불을 때다가 숯검댕이로 고양이 얼굴을 그리고 온 충도, 논에서 온 몸에 흙

먼지를 뒤집어쓰고 온 영태… 그렇게 모인 우리들은 서로의 몰골을 바라보며 킬킬거리곤 했다. 그 웃음 속의 아이들을 보며 나는 왠지 가슴이 먹먹해지기도 했다.

수업이 시작 되자마자 입이 째지게 하품하는 아이가 있는가 하면 벌써 꾸벅꾸벅 꿈나라로 간 녀석들도 있다. 거기에다 녀석들의 지독한 발 냄새는 또 어떤가. 뿐만 아니라 뽕뽕뽕! 여기저기서 뀌어대는 악동들의 방귀냄새에 수업하던 나는 코를 틀어막기 일쑤였다. 그 덕분에 야학당은 와글와글 웃음바다가 되고 눈꺼풀이 덮여 조올조올 하던 아이들의 눈망울도 금세 또랑또랑 해지면서 분위기는 다시 배움의 열기로 출렁이곤 했다.

그 선생님에 그 학생들은 야학당을 나오면 다시 천방지축 사고뭉치들로 연대한 친구가 되었다. 우리들은 건건이 일을 저지르며 스승님의 머리를 뜨겁게 하곤 했다. "누나 또 원장님께 혼났구나!" 뾰로통해진 내 모습을 보고 아이들은 그렇게 히죽거리며 군불에 구운 따끈한 고구마나 감자를 내밀곤 했다.

호기심 많고 때묻지 않은 반짝거리던 그 야학의 눈빛들, 내 영산의 하늘엔 아직도 그 눈빛들이 영롱하게 빛나고 있다.

산 경전

　　　　　　　　　책 속에 길이 있다고 믿었다. 그러기에 낯선 선원 생활에서 책은 나의 가장 속 깊은 친구였다.
　영국의 작가 기싱은 '책 한 권을 들고 구석에 가서 앉는 것 외에 나는 그 어디에도 안식할 수 없었다.'고 했다. 그즈음 나 또한 기싱과 같았다. 손에 뭔가 읽을거리가 없으면 안절부절이었다. 아궁이에 불을 때면서도 찢어진 신문조각이라도 보고 있어야 안심이 되었으니까. 그러다가 종종 옷이며 머리카락을 태우기도 했으니 책에 대한 나의 집착은 거의 병적이었던 것일까? 지금 돌아보건 데 그것은 내 지적인 허영심의 극치요 콤플렉스에 다름 아니었다.
　대중공양을 책임진 나는 낮에는 식당 일에 쫓기느라 독서할 시간이 많지 않았다. 그런 아쉬움을 저녁 아홉시 반 소등시간이 지나고서야 겨우 촛불을 켜고 밤늦도록 책을 읽으며 달랠 수 있었다. 선원은 발전기를 돌려 전기를 쓰던 시절이라 삼십 촉 백열등의 희미한 불빛마저도 아홉시 반이 되면 가차 없이 꺼버리곤 했다.

스승은 내게 아홉시 반 이후엔 책을 보지 말고 잠자리에 들 것을 누누이 일렀다. 촛불을 켜는 것이 위험하기도 했지만 책에 대한 나의 집착을 크게 경계함은 물론, 출가 초년병에게 수도인의 일과를 길들이는 것이야말로 무엇보다 중요한 일이었을 것이다.

그러나 밤만 되면 더욱 초롱초롱 해지는 나는 올빼미처럼 잠이 오지 않았다. 매번 스승의 말을 어기곤 했다. 오래도록 길들여온 올빼미 습관을 하루아침에 고치기도 어려웠지만 사실 고치고 싶지도 않았으니까. 그래서 나중엔 잠을 자는 척 하다가 다시 일어나 몰래 촛불을 켜고 책을 보기도 했다.

그러던 어느 날 급기야 스승은 저녁 심고를 올린 후 침구를 들고 아예 내 방으로 건너오셨다. 매일저녁 나를 감시라도 할 요량이었다. 아니 감시가 아니고 보호였을 터이다. 아무튼 내겐 그게 그거였지만 말이다.

오래도록 잠을 이루지 못하고 뒤척이는 나에게 스승은 "생활 속의 산 경전을 볼 줄 알아야 된다. 그것은 눈으로 보는 것이 아니고 마음으로 보는 책이야." 하며 진리는 일상의 삶 속에 있다고 말씀하셨다.

산 경전을 볼 수 있는 내 마음의 눈은 지금 얼마나 깊고 밝아졌는지 돌아보게 된다.

불심검문

　　　　　　　　선진나루 뱃길을 통해 법성포로 나락을 찧으러 가는 날이다. 스승은 내게 밤 2시쯤 배가 출발하니 준비하라고 일렀다. "으잉! 밤 2시?" 그 말을 듣는 순간 기가 턱 막혔다. 유독 잠 많은 내가 꿀맛 같은 단잠을 반납해야 하기 때문이다. 자연의 시계는 불가항력이라 물 때 따라서 배가 드나드니 도리 없는 일이었다. 그 저녁 나는 심고도 생략하고 무조건 고꾸라져 잠을 청했다. 겨우 한숨 눈을 붙인 듯 했을 때, 흔들어 깨우는 소리에 벌떡 일어나 허겁지겁 행장을 챙겼다. 어둠을 뚫고 스승을 따라 선진나루로 나갔다. 나루터엔 벌써 산업부 아저씨들이 배에 나락을 싣고 있었다. 언답 높이까지 차 오른 깜깜한 밤바다의 넘실대는 물결은 내 몽롱한 잠기운을 확 몰아갔다.

　작업이 끝나고 드디어 출발~! 선진나루를 빠져나온 배가 검은빛 바다를 헤치고 느릿느릿 법성포로 향했다. 쏟아지는 별빛과 뒤척이는 밤물결의 검은 진주 같은 영롱함은 그대로 시^{詩}와 선^{禪}의 메타포였다.

　고즈넉한 밤바다 어디쯤에서 희뿌연 아침이 기지개를 켜고 멀리 안개 속에 작은 집들이 서서히 다가왔다. 배가 법성포구에 도착하자마자 대기해있던 리어카에 나락을 실어 방앗간으로 보내고, 우리는 먼저 요기를 하자며 시장 길로 접어들었다. 갑자기 한기와 배고픔이 몰려왔다. 앞서 가던 스승도 마찬가지인 듯 잰걸음이었다.

그런데 갑자기 경찰아저씨가 스승의 발길을 막아서며 위 아래로 살피더니 신분증을 보여 달라는 것이다. 불심검문이었다. 그제서야 국방색 몸빼에 빛바랜 감색 잠바를 걸치고 밀짚모자를 푹 눌러 쓴 스승의 모습을 보니 내가 봐도 밤새 밀항한 남파 간첩쯤으로 오해받을 만 했다. 반공이데올로기로 무장된 시대였으니 경찰의 눈에 수상쩍어 보였음은 당연했다.

스승은 당황하는 기색도 없이 신분증을 내밀었다. 아마도 처음 당하는 일은 아닌 듯싶었다. 신분증을 보고도 경찰은 다시 들고 있던 방망이로 밀짚모자를 치켜올리며 얼굴을 확인했다. 그러나 스승은 눈 하나 깜짝하지 않고 꼿꼿이 서서 경찰을 쏘아봤다. 여자 교무임에도 불구하고 제자들로부터 '장군'이라는 별명을 얻은 것은 다 그만한 이유가 있었다. 그 눈빛의 카리스마에 경찰아저씨도 역시 기를 펴지 못하고 슬금슬금 물러났으니까.

나는 그 광경이 하도 고소하고 재미있어서 키득키득 웃음보를 터트렸다. 경찰이 당한 건지 스승이 당한 건지는 잘 모를 일이지만 말이다. 그런 내게 스승은 "배고프다 어서 국밥이나 먹으러 가자" 하셨다. 안개가 걷히고 법성의 장보기가 시작되었다.

소(牛)의 변명

 어릴 적 내 별명은 강아지였다. 눈 오는 날엔 어찌나 눈밭을 뛰어다니고 뒹굴기를 좋아했던지 주위에서 그렇게들 불러줬다. 그런데 선원 공양원 시절엔 갑자기 별명이 소가 되었다. 영산선원장님이 붙여준 훈장이다. 원장님은 2년 동안 세뇌가 되도록 내게 말했다. "여시(여우)하고는 살아도 소하고는 못 산디여~" "소라고요?" 처음엔 그 말을 들을 때마다 맘속으론 강하게 항변을 했다. "난 소가 아니야~!" 하고.
 유난히 사리에 밝고 명민하신 원장님은 일마다 아둔하고 투미했던 내 일거수일투족을 늘 답답해하며 성에 차지 아니하셨다. 게다가 사근사근 자분자분 살갑지는 못할망정 매사에 퉁명하고 무뚝뚝하게 굴었으니 내심 걱정이 많으셨던 것이다.
 원장님은 "도대체 너는 무슨 생각을 하고 사는지 말 좀 해봐라" 하고 다그치셨지만 그럴수록 내 입은 마법에 걸린 듯 더욱 굳게 닫혀버리곤 했다. 난 이미 원장님의 날카로운 훈증에 주눅이 든 처지에 원래 넉살이나 숫기라곤 도통 약으로 쓸려고 해도 없었으니 말이다. 가슴속에선 많은 말들이 꼼지락꼼지락 일어나고 입안에서는 하고 싶은 얘기들이 오물오물 맴돌아도 정작 입 밖으로는 소리가 튀어나오지 않았다.

그런데 어느 날 외양간 앞에서 소하고 다정하게 얘기를 나누는 원장님을 보았다. 원장님은 소의 등을 다독이며 "힘들지? 말도 못하고 고생이 많구나!"하며 지저분하게 눈곱이 낀 눈에 흐르고 있는 소의 눈물을 닦아주는 것이었다. 그 모습은 평소답지 않게 자비와 연민으로 가득했다. 소는 그런 원장님이 마치 제 어미라도 되는 듯 고개를 저으며 "음매 음매…"응석을 부렸다.

나는 그 때 소가 운다는 것을 처음 알았다. 그 날 이후 소를 보면 왠지 그 우직함 뒤에 흐르는 말없는 눈물이 생각나서 동료의식까지 느껴졌다. 그리고 원장님의 본심은 소를 무척 아끼며 그 묵묵함을 미더워한다는 것도 알았다.

물론 여우처럼 민첩하고 살갑지 못한 나에 대한 아쉬움이야 컸겠지만, 생각해 보면 원장님은 내 우둔하고 부족함 뒤에 진실하고 변함없는 보물도 있다는 걸 알고 이 길로 인도했음이 분명하다. 나는 더 이상 나의 소됨을 자책하거나 굳이 소가 아니라고 항변하지도 않았다.

어쩌면 이 길 위의 나날들은 그 우둔함이 있었기에 가능했는지도 모른다. 뚜벅뚜벅, 비록 그 걸음은 더딜지라도 나는 오늘도 묵묵히 이 길을 가고 싶다. 물론 할 수만 있다면 내 안에 명민하고 귀여운 여우도 키우고 싶지만, 글쎄다.

야옹이와 아옹다옹

　　　　　　보리타작과 모내기가 한창인 6월이었다. 저녁 설거지를 마치고 산업부 아저씨들 새참용 돼지고기를 삶아서 소쿠리에 건져 장독대위에 놓았다. 그리고 큰 소쿠리로 덮고 커다란 돌덩이 하나를 턱하니 올려놓았다. 냉장고가 없는 시절이니 고기도 상하지 않고 도둑고양이를 방지하기 위해서는 그 방법밖에 달리 도리가 없었다.

　그러나 다음날 아침 장독대로 간 나는 아연실색 얼굴이 노랗게 되고 말았다. 어떻게 그 무거운 돌덩이를 밀어냈는지, 장독 위엔 빈 소쿠리만 덩그러니 남은 것이다. 뿐만 아니라 돌덩이가 떨어지는 바람에 애꿎은 장독만 하나 깨졌으니 이만저만 낭패가 아니었다.

　고양이에게 또 당한 것이다. 녀석의 짓이 분명하지만 그래도 혹시 모르는 일이라 우선 증거를 찾기 위해 부지깽이를 들고 주변의 풀숲을 더듬거렸다. 아니나 다를까, 장독 뒤 풀숲 사이에는 고깃덩이가 몇 점 흩어져 있고, 녀석은 저쪽 나무 밑에서 맛있게 아침을 먹고 있는 중이었다. 그런 녀석을 보고 씩씩거리던 나는 들고 있던 부지깽이를 녀석을 향해 던져버렸다. 그러나 고기를 문 채 그 녀석은 잽싸게도 대각전 모퉁이로 도망쳐버리고 말았다. 신통치 않은 내 던지기 솜씨를 비웃기라도 하듯 녀석은 나를 빤빤히 쳐다보며 "야옹야옹" 짖어댔다. 번번이 그런 일을 당하고도 사실 한 번도 통쾌한 복수를 해보지 못한 나다.

생각해보면 그 녀석과 나의 갈등의 골은 깊다. 녀석은 사실 나보다 먼저 식당 방을 차지한 박힌 돌이고 나는 후에 굴러온 돌이었다. 원래 고양이를 별로 좋아하지 않지만 에드거 엘런 포의 《검은 고양이》를 읽은 후로는 룸메이트인 그 녀석을 좋아할 수가 없었다. 저를 싫어하는 기미를 간파한 명민한 녀석은 수없이 나를 괴롭혔고, 그런 녀석이 나는 더 싫어졌다. 우린 그렇게 꼬여갔다. 녀석은 틈만 나면 내가 보는 앞에서 버젓이 한쪽 다리를 들고 내 책상이나 이불 위에 쉬를 갈기고 쏜살같이 도망치거나, 쥐를 사냥하여 창자와 머리를 내 책상 밑에 넣어두곤 했으니 그 흉측한 모습에 번번이 기겁을 하고 울상이 되곤 했다.

스승님은 고양이는 미워할수록 그 증세가 더 심해진다며 화해를 당부했지만 나는 끝내 화해하지 못하고 그와 티격태격하며 한방에서 2년을 살았다. 그러나 미움도 정인 것을 안 것은 그 녀석이 세상을 떠난 후다. 여름 방학 때 찾아간 선원엔 그가 없었다. 봄에 삼밭재 근처에서 새끼호랑이로 오인되어 동네 아이들의 돌팔매에 맞아 참변을 당했다는 것이다. 그제야 속 좁게도 녀석과 진즉 화해하지 못한 것이 후회스러웠다. 어쨌거나 그 녀석과 나는 아옹다옹 하면서도 한방에서 2년을 함께 산, 가깝다면 가까운 친구였던 것이다. 삼가 그의 천도를 기원했다.

옹기 함지박

영산선원은 도르래 두레박으로 샘물을 길어 쓰고 있었다. 진눈깨비가 추적추적 내리던 어느 겨울이었다. 그 날도 아침 설거지를 마친 후 나는 다시 점심공양을 준비하기 위해 큰 옹기 함지박에 쌀을 담아서 우물로 내려갔다. 80여 대중이 먹을 분량이었다. 살얼음이 언 시멘바닥은 미끄럽기 그지없는데, 우물 속에서는 뿌연 물안개가 피어올랐다. 나는 이미 반쯤 얼어버린 손을 입에 대고 호호 불어가며 도르래로 물을 퍼 올려 쌀을 씻었다. 당시엔 그 흔한 플라스틱 통도, 고무장갑이란 것도 상상 할 수 없던 시절이다.

함지박에 있는 쌀을 손으로 북북 문지른 후 서너 번 탁한 물을 버리고 나면 맑고 뿌연 뜨물이 나온다. 선원에서는 매일 그 뜨물을 받아 된장국을 끓이곤 했다.

그 날도 예외 없이 국 끓일 뜨물을 받기 위해 함지박을 드는 순간 그만 얼었던 손이 함지박을 놓치고 말았다. 시멘트 바닥 위에 쌀은 산산이 흩어지고 함지박은 조각이 나버렸다. 터벅터벅 부엌으로 돌아가 빈

그릇 하나를 가져다 흩어진 쌀을 주워 담았다. 가슴에도 진눈깨비가 내리는지 한기가 깊이 스며들었다. 콩쥐를 도와준 두꺼비 생각도 났지만 우물가엔 아무도 없었다.

  저녁 공사시간에 그 일을 고백했다. 스승님은 물끄러미 나를 바라보시더니 다친 데는 없느냐고 묻기는커녕 "공중물건을 깨뜨렸으니 함지박을 사다 놓으라."고 했다. 무일푼인 나는 돈이 없다고 말했다. 스승은 "사가(私家)에 연락해서라도 사 놓으라!"고 했다. 그런 스승님이 한없이 매정하고 원망스러웠다. 나는 스승님의 말씀이 무척 섭섭하고 도무지 용납되지 않아 밤새 뒤척이며 베개를 적셔야 했다.

  공중 살림이 얼마나 무서운 것인가를 그땐 그토록 서슬 퍼렇게 가르치셨다. 그 엄했던 스승님의 가르침 속에 담긴 깊은 교훈을 내가 선진이 되고서야 비로소 조금씩 깨달아 가고 있다.

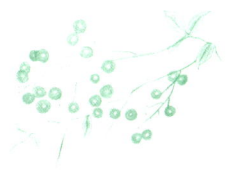

재로 변한 스승의 난닝구

모처럼 스승의 옷가지를 챙겨 빨래를 했다. 기특하게도 난닝구(러닝셔츠)는 삶아 빨기로 했다. 북북 비누칠을 한 빨래를 대야에 담아 석유곤로에 올려놓았다. 그리고 빨래가 삶아지는 동안 잠시 방에 엎드려 책을 읽으려고 했다. 무덥고 나른한 여름날 오후의 책읽기는 말이 그렇지 낮잠을 청하는 것이나 다름없었다. 더욱이 나름 선원의 큰 도량을 앞뒤로 종종거리고 다니느라 여간 고단한 게 아니었으니 내게 독서는 십중팔구 자장가였을 터다.

책을 손에 잡자마자 그만 세상모르고 쿨쿨 곯아떨어지고 말았다. 그런데 문밖에서 아련히 내 이름을 부르는 스승의 목소리가 들렸다. 꿈인지 생시인지 눈을 비비며 뭉그적거리던 나는 순간 "빨래!"하고 벌떡 일어났다. 매캐하게 타는 냄새가 이미 방안까지 진동했다. 허겁지겁 밖으로 뛰어나갔다.

예상했던 대로 땅바닥에 나뒹굴고 있는 대야 속의 빨래는 이미 까맣게 재가 되었고 스승은 대야에 물을 뿌리며 사태를 수습하고 있었다.

하는 일이 늘 위태해 보인다고 염려한 내가 또 사고를 친 것이다.

나는 "어떻게 해 어떻게 해!" 하며 얼굴을 움켜쥐고 발만 동동 굴렀다. 스승은 "쯧쯧! 그래도 이만하기 다행이다." 하며 당황한 나를 연민의 눈으로 바라보셨다. 나는 애먼 곤로를 보며 쫄아드는 목소리로 "불을 작게 해놨는데…" 하고 변명 아닌 변명을 했다. 스승의 난닝구를 네 장이나 태워먹고 변명 말고는 달리 무슨 할 말이 있겠는가. 그런 실수가 한 두 번이 아니지만 내 맘을 아시는 듯 스승은 "괜찮다!" 하며 입가에 미소를 지었다.

스승의 여름살이 난닝구를 몽땅 태운 나는 벼룩이도 낯짝이 있지 싶어 책갈피 속에 깊이 감춰 둔 금쪽같은 용금을 탈탈 털어 영광장에 나갔다. 그러나 가진 돈은 겨우 난닝구 두 장 값에 불과했다. 나는 두 장의 난닝구를 사서 살며시 스승의 서랍장에 넣어두었다. 내 선물을 발견한 스승은 "용돈을 다 털었구나!" 하고 껄껄껄 웃으셨다.

오 맙소사!

선원 마당의 빨랫줄은 때로 무청이나 생선을 말리는 등 다용도로 쓰이곤 했다. 어느 날 법성포에서 직송된 명태 몇 상자를 씻어 철사에 꿰어 빨랫줄에 쪼르르 널고 장대를 세워 줄을 높이 올렸다. 생선을 말릴 때는 특히 마지막으로 장대를 세우는 일이 무엇보다 중요하다. 마당에는 점프 실력이 좋은 녀석들이 시시때때로 빨랫줄의 명태를 노리고 있기 때문이다.

이튿날 새벽, 공양 준비를 위해 밖으로 나오던 나는 마당의 빨랫줄을 보고는 기가 턱 막히고 말았다. 밤새 안녕 이라더니, 빨랫줄에 걸린 명태들의 꽁지 부위가 모조리 뜯겨져 나간 채 줄줄이 처참한 모습으로 매달려 있지 뭔가! "오 맙소사!" 너무 황당한 나머지 나는 맙소사를 외치며 넋을 놓고 빨랫줄을 쳐다보고 있는데 저만큼 빨랫줄 밑에 웅크리고 앉아있는 해구와 백구(선원에서 키우던 개) 녀석이 눈에 들어왔다. 범인은 바로 그 녀석들이었다.

그런데 녀석들은 그 많을 걸 먹어치우고도 아직도 성에 차지 않은 듯

살점이 뜯겨져 나간 명태를 올려다보며 혀를 널름거리고 있는 것이다. 녀석들은 샛노래진 나를 보고도 도무지 죄스럽다거나 미안해하기는커녕 일말의 양심도 없이 나머지 명태를 마저 먹고 싶다는 표정으로 큰 입을 쩝쩝대며 나를 바라보고 있었다.

나는 기가 막히고 화가 나서 옆에 보이는 대빗자루를 들고 그들에게 달려갔다. 그러나 녀석들은 잽싸게 몸을 피해 벌써 저 만큼 줄행랑을 놓고 말았다. 빗자루를 든 채 씩씩거리며 뒤쫓아 갔지만 그 날랜 녀석들을 잡을 길이 없었다. 제 풀에 지친 나는 걸음을 멈추고 그 녀석들을 원망스런 눈초리로 바라볼 수밖에 없었다. 그제야 녀석들도 저지른 실수가 예삿일이 아님을 알았던지 멀리서 내 눈치만 살피는 중이었다.

엄밀히 말하자면 그 녀석들의 잘못은 아닌 것이다. 그들은 먹이가 거기 보이니 그냥 옳다구나 하고 제 힘껏 뜀뛰기로 명태를 뜯어 먹었을 뿐일 테니까. 죄라면 간밤에 빨래를 걷고서 장대를 올려놓지 않은 누군가의 무념無念과, 주의심을 가지고 빨랫줄을 살피지 못한 내 불찰일 뿐이다. 수난을 당한 명태의 몰골이며 내 허둥대는 꼴을 지켜본 스승은 "해구가 스승이구나!" 하며 웃으셨다.

딸딸이 시승식

　　　　　　　길용리 영산선원에 처음으로 경운기가 들어왔다. 일명 '딸딸이'라고 불리던 경운기는 정관평 들녘의 농사일을 한결 수월하게 해주었을 뿐만 아니라 교통이 불편했던 시절 짐을 나르거나 사람이 타고 다니는 자가용 역할까지 했으니 농촌의 효자가 아닐 수 없었다.

　영광이나 법성장에 갈 때면 버스가 다니는 곳 까지 늘 시오리를 걸어 다니던 영산 식구들은 딸딸이의 출현에 자못 기대가 컸다. 드디어 총무선생님과 우리 간사들은 시승식 겸 딸딸이를 타고 처음으로 영광 장에 나가게 되었다. 모두들 딸딸이 위에 올라타고 소풍이라도 가는 듯 신이 났다.

　그러나 그 신바람도 잠시, 비포장도로를 "딸딸딸딸 털털털털" 어기적거리고 달리는 딸딸이 위에서 우리들은 짐짝처럼 이리저리 흔들리고 뒹굴려 엉덩방아 찧기는 물론, 나중엔 머리까지 멍해지고 말았다. 장을 보고 서쪽에 해가 뉘엿거릴 무렵 우리가 선원에 도착했을 때는 모두들

파김치가 되고 말았다. 온몸은 마치 몽둥이 찜질이라도 당한 듯 욱신거리고, 머리가 아찔하니 핑 돌았다. 얼마나 방아를 찧었는지 엉덩이는 남의 살처럼 먹먹했다.

  그 저녁 겨우 감각이 살아난 엉덩이에 따끔따끔 통증이 느껴졌다. 바지를 내리고 거울에 엉덩이를 비춰보니 아니나 다를까 여기저기 상처가 나고 푸릇푸릇 멍이 들어 있었다. 딸딸이와의 첫 만남은 그렇게 상처투성이가 되었다. 그 날 이후 우리들은 딸딸이 타고 장보러 가는 일을 그리 달가워하지 않았다. 그리고 더 이상 십일 자 자가용(걷기) 이용에 투정도 부리지 않았다.

II
소나기

바람이 그리운 날

　　　　　　　이른 봄, 바람은 아직 정관평 들녘을 휘적휘적 쏘다니며 심술을 부리지만 햇살은 할머니 손길처럼 따사로웠다.
　이불 호청이며 커튼, 방석 커버까지, 밀린 빨랫감을 챙겨 제법 묵직한 함지박을 머리에 이고 옥녀봉 아래 냇가로 나갔다. 바람이 그리운 날 나는 종종 그렇게 빨랫감을 만들어 냇가로 나가곤 했다. 공양원의 삶에 익숙해 질 즈음 나는 슬슬 반복되는 일상에 숨이 막혀왔다. 자유와 해탈은 너무 멀고, 그 아득함에 질려 어딘가로 사라지고 싶기도 했다.
　바다를 향해 몸을 뒤척이는 푸른 포댐(정관평에 흐르는 물) 물에 휘–이 휘이 빨래를 행구며 벌겋게 부은 손으로 빨래가 터지도록 자학적인 방망이질을 했다. 그러다 지치면 소용돌이치는 물살을 바라보거나 돌 위에 앉아 큰 소리로 노래를 불렀다. 그때마다 옥녀봉 메아리가 내 소리를 따라 똑같이 화답을 하곤 했다. 어느새 뽀얀 빨래가 함지박에 가득했다. 차가운 물에 세수도 하고 발을 씻었다. 마치 영혼의 정화 의식을 치른 듯 상쾌했다.

그런 의식 뒤에 함지박을 머리에 이려는 순간 "아차!" 싶었다. 무거워서 들 수가 없었기 때문이다. 물을 머금은 빨래가 무겁다는 것을 미처 생각하지 못하고 빨랫감을 몽땅 들고 나온 것이다. 젖 먹던 힘까지 다 썼지만 함지박은 꼼짝도 하지 않았다. 농사철이 아니라 포댐 근처엔 사람들의 왕래도 뜸하고, 가까이 인가가 없으니 어디에 도움을 청할 수도 없어 그저 막연히 사람이 지나가기만을 기다려야 했다.

  저녁때가 가까워지자 마음이 조급해졌지만 어쩔 수 없이 언덕에 주저앉았다. 어디선가 냉이의 향기가 달콤하게 코끝에 닿았다. 주변의 밭에 냉이가 지천이었다. 나무꼬챙이를 주워 냉이를 캐기 시작했다. 저녁에 김칫국에 넣을 생각을 하니 신이 났다. 나는 누가 뭐래도 선원의 공양주였던 것이다. 주머니에 담은 냉이가 제법 두둑해졌다. 그때 멀리 노루목 쪽에서 한 선원생 언니가 걸어오고 있었다. 대각터에 순례를 다녀오는 모양이었다. 나는 길가로 뛰어나가 "언니!"를 부르며 두 손을 들어 환호했다.

  저녁 공사시간에 교무님은 빙긋이 미소를 지으며 "도망 간줄 알았더니…" 하셨다. 나는 킥킥거리며 "도망은 왜 가요!" 하고 받아쳤다.

그녀

선원식당엔 동갑내기 친구가 있었다. 그녀가 한글을 모른다는 것을 안 것은 그곳에 간지 얼마 되지 않아서다. 재미있는 책을 읽어보라고 권하는 내게 그녀는 쓸쓸하게 웃었다. 그리고는 수줍은 표정으로 "나는 글씨를 몰라" 하고 고백했다. 초등학교 2학년 때 가정형편상 중퇴했는데 그 뒤로 영영 학교를 다니지 못했다고 한다. 그녀가 선원에 온 것도 공부를 하고 싶어서라고 했다. 그녀는 나를 몹시도 부러워했다. 나는 내 남루한 영혼에 절망하며 허덕이고 있었는데 그녀는 내가 부럽다고 했다.

나는 그녀의 글선생이 되어주기로 자처했다. 그녀도 내게 글을 배우기로 승낙했다. 달력 뒤에 기역 니은 디귿...을 써서 교재를 만들고, 밤이면 희미한 백열등 불빛아래서 제법 그럴듯하게 폼을 잡았다.

어느 날 받아쓰기를 하는 중이었다. 부르는 단어를 받아 적던 그녀가 갑자기 큰 소리로 엉엉 하고 울음보를 터트리는 것이다. 어디서 그런 울음이 나오는지, 깊이 감추어졌던 슬픔이 봇물처럼 터져 나오는 듯 했다. 그 울음이 하도 절절해서 나는 그저 그녀를 옆에서 망연히 지켜볼 뿐이었다. 혹시 내가 그녀의 자존심을 상하게 한 것은 아닌지 돌아보며 마음이 짠했지만 나는 뭐라고 한 마디 말도 할 수가 없었다. 한참 후에야 그녀의 울음이 잦아들고 우린 이내 말없이 잠들었다.

다음날 우린 아무 일도 없었다는 듯이 부엌에서 일을 했다. 오전 일을 마치고 난 후, 그녀는 내 손을 끌고 방으로 들어가자고 했다. 그리고는 오이 한 개를 내 놓으며 먹으라고 했다. 표정은 한결 안정되고 감정도 정리가 되어있었다. 그제야 나는 "왜 그랬어?" 하고 물었다. 그녀는 뻥긋이 웃으며 "답답해서…" "뭐가?" "갈쳐줘도 잘 모링게" "잘 했잖아!" "이녁이랑 동갑인디, 나는 글도 모리고…" 하면서 한숨을 푹 내쉬었다. 그녀가 그런 열등감을 가지고 있는 줄은 미처 몰랐다. 아니 어쩌면 나는 그동안 그녀를 그런 감정조차 느끼지 못하는 사람으로 무시하고 있었던 것은 아닌지 가슴이 뜨끔했다. 내 안에 도사리고 있는 오만에 대해 그녀는 그렇게 허를 찔렀다.

일 년 쯤 지나고 그녀는 집으로 돌아갔다. 그 무렵 그녀는 더듬거리며 원불교 교전을 조금씩 읽을 수 있었다. 그녀가 마지막으로 한 말은 "나도 교무가 되고 싶은디..."였다. 그녀가 떠나고 어느 날 편지가 날아왔다. 삐뚤빼뚤한 글씨에 받침도 맞지 않았지만 고맙다는 인사와 더불어 편지를 쓸 수 있다는 게 꿈만 같다고 했다. 어디선가 지금쯤 아마 좋은 엄마가 되었을 그녀가 몹시 그립다.

떠돌이 스님

어느 날 스님 한 분이 선원에 들어왔다. 왜소한 체구에 남루한 몰골이지만 맑은 눈빛은 이내 이방인에 대한 경계심을 풀어놓게 했다. 스님은 자청하여 대중의 밥 짓는 일을 맡았다. 그리고 자신의 누추한 행색과는 달리 부뚜막이며 밥을 짓는 무쇠 솥 만큼은 반질반질 윤이 나게 닦곤 했다. 더러우면 조왕신이 노한다고 맨발로 부뚜막을 오르내리며 행주질을 하고 또 하는 것이다.

우린 그의 유별난 청결에 대한 집착을 이해할 수 없어 종종 잘 닦아놓은 부뚜막에 신발을 신고 올라가 심술을 부리기도 했다. 부뚜막은 깨끗이 하면서도 옷차림은 늘 지저분한 스님이 못마땅했던 것이다. 물론 간간이 저녁이면 단벌뿐인 승복을 빨아서 아랫목에 말렸다가 아침에 입고 나오는 것을 볼 수 있었다. 그러나 스님의 옷은 늘 후줄근했고 더욱이 코에서는 자주 콧물이 떨어져 음식에 들어갈까 위태해 보이곤 했다.

아니나 다를까, 한번은 스님이 밥을 푸고 있는데 콧물이 밥솥으로 뚝

떨어졌다. 솥뚜껑을 열자 아마도 뜨거운 수증기가 스님의 코를 자극했던 가보다. 나는 그 순간 공교롭게도 그 광경을 목격한 것이다. "스님 콧물 떨어져요!" 하고 소리를 꽥 지른 나는 "으액!" 하고 토하는 시늉을 했다. 그런데도 스님은 얼른 옷소매로 코를 쓱 닦고는 씽긋 웃었다. 소리를 지른 내가 도리어 머쓱해지고 말았다.

 그 후 나는 스님이 밥을 풀 때면 마스크를 쓰고 하라며 잔소리를 했지만 스님은 한 번도 마스크를 쓴 일이 없고 그저 한번 씩 웃으면 그만이었다. 그리고는 또 열심히 쌀을 씻고 부뚜막을 닦으며 정성스럽게 밥을 짓곤 했다. 그러다가 시절인연이 되면 어느 날 문득 스님은 올 때 메고 왔던 바랑 하나 짊어지고 또 어디론가 바람처럼 거침없이 떠나버린다. 그렇게 떠나는가 하면 다시 또 홀연히 나타나 그 일을 하곤 했다.

 그가 어디서 왔으며 어디로 가는지는 알 수 없었다. 바랑 하나 뿐, 그가 떠난 자리는 언제나 맑았다. 닦고 또 닦던 부뚜막처럼…

목탁새

　　무더위가 기승을 부리던 한 여름, 햇볕은 마치 심술쟁이처럼 쨍쨍하게 들판에 내리 꽂히고, 타는 목마름 속에서 다가오지 않는 서원을 향해 내 마음의 갈증도 깊어가고 있었다.

　나무그늘에서 매미들이 유난히도 요란스럽게 울어대던 날, 한 선원생이 선진나루에 수영을 하러 나갔다가 참변을 당하는 사건이 일어났다. 도반들은 애석하게 떠나간 친구를 위해 매일 저녁 지성으로 천도재를 올리며 그 영혼을 위로해 주었다.

　그런데 그가 떠난 후부터 매일 밤 보은강에서 목탁소리가 들린다는 소문이 났다. 평소 목탁의 운곡에 맞춰 염불하기를 좋아하던 그가 죽어서도 목탁을 치는 것이라고 했다. 나는 그런 소문이 두렵기도 했지만 한편은 호기심을 자극하는 일이었다. 나는 그 목탁소리를 확인하고 싶었다. 밤이 이슥해지자 숨을 죽이고 보은강이 보이는 창가에 다가가 가만히 귀를 기울여보았다. 그런데 정말 고요한 어둠을 뚫고 맑고 청아한 목탁소리가 들려왔다. "똑똑 또르륵 똑똑 또르륵~" 나는 쿵쿵 뛰는 심장에 두 손을 모은 채 창문을 열고 어둠속에 묻힌 보은강을 바라보았다. 물안개가 자욱했다.

강엔 마침 연꽃이 피어나던 계절이라 은은한 향기가 코끝에 스며들었다. 연꽃 향기를 스치고 들려오는 목탁소리는 영혼의 울림처럼 맑고 신비로웠다. 나는 이튿날도, 또 그 이튿날도 그 소리에 귀를 기울이며 밤잠을 설치곤 했다.

그런 가운데 계절이 바뀌고 종재가 다가올 무렵 누군가가 그 목탁소리의 정체를 알아냈다는 것이다. 그것은 그의 영혼도, 귀신도 아닌 바로 목탁새 소리라고 했다. 보은강에 목탁새가 살고 있다는 것이다.

저녁 무렵에 나는 보은강가로 달려갔다. 강둑에 앉아 갈대 숲 사이로 피어난 연꽃을 바라보며 목탁새 울음을 기다렸다. 벌레들의 울음소리엔 벌써 가을이 물들고 있었다. 어디선가 나지막하게 "또록 또르륵" 하고 목탁소리가 들렸다. 나는 그 소리의 주인공을 찾으려고 살며시 일어나서 갈대숲을 서성거렸다. 그러자 어디선가 새 한 마리가 포르릉 날아올라 강 건너 쪽으로 사라져버렸. 그 날 저녁에도 어김없이 목탁새는 울었다. 그리고 그 새는 어쩌면 염불수행을 좋아했던 그의 넋인지도 모른다고 생각했다. 나의 서원도 보은강의 바람과 안개와 연꽃향기 속에서 서서히 뿌리내리고 있었다.

종이와 볼펜으로 담근 김치

　　　　　　명색이 선원 공양주로 입성한지 일 년 여, 그 때까지도 천지분간 못하고 겨우 밥이나 끓여 대중공양을 하던 나는 선원의 학년말 시험 3일째 되는 날, 여느 때와 마찬가지로 아침공양 준비 차 김칫독을 열었다. 그런데 언제 다 먹었는지 김치가 바닥을 드러내고 있었다. 김장을 하려면 아직 이틀은 더 기다려야 되는데 걱정이 태산이었다. 김치를 담아본 적이 없는 나로서는 감당이 되지 않았기 때문이다.

　때마침 여자 총무교무님은 새벽같이 법성 장에 나가시고, 그 사태를 누구와 의논해야할지 그것부터가 난감해졌다. 시험기간이라 학생도 교사도 누가 감히 시간을 내 도와줄 리는 없고, 무섭기만 한 원장님만 계시니 발을 동동 구를 수밖에 없었다.

　궁리 끝에 나는 선원 바깥 살림을 맡아하며, 간사들의 담임이기도 한 남자 교무님께 도움을 청하기로 했다. 방에 잔뜩 서류를 펴놓고 계신 교무님께 자초지종 얘기를 드렸다. 교무님은 "허허!"하시더니 종이와 볼펜을 내놓고 김치 재료와 담는 순서를 정해보자고 하셨다.

교무님과 나는 생각나는 대로 재료를 적고 순서를 정해나갔다. 얼추 그렇게 공사가 끝나자 순서는 맞거나 말거나 김치 담그는 일이 그리 어려운 일만도 아닌 듯싶었다. 나는 신이 났다. "야호!"하며 씩씩하게 부엌으로 돌아와 순서가 적힌 종이를 내놓고 행동개시를 서둘렀다. 그러나 웬걸, 막상 젓갈을 달이고 배추를 절이려니 물과 소금의 비율을 얼마나 해야 되는지 막막해지고 말았다.

나는 다시 교무님께 뛰어갔다. 교무님은 "아이고!"하며 난감한 표정으로 "그냥 젓갈 한 바가지에 물 한 바께쓰 부어봐라!" 하셨다. 김치 담그는 일에 관한 한 교무님의 무지함은 나와 별반 차이가 없었던 것이다.

하긴 남자 교무님이 그걸 알 리 없을 터지만 나는 우선 내 발등의 불을 끄는 일이 급하니 기댈 곳은 교무님 밖에 없지 않은가. 교무님은 그래도 김장 때 해본 가락이 있던지 마늘을 물그릇에 담아오면 까주겠다고 하셨다. 그럴 때는 김치 담기가 곧 될 것 같아 마음이 살아났다가도 막상 종이에 적힌 대로 일을 해보면 또다시 막혀서 교무님께 달려가 묻기를 대여섯 차례 했지만 역시 모르긴 교무님도 마찬가지였다.

나중에는 혼자 낑낑거리며 우물가에서 내 멋대로 배추를 절이고 있었다. 그러자 "숙원아 그만 해라. 오후에 학생들 서넛이 나오기로 했다." 하시는 교무님 말씀이 들렸다. 교무님은 아무래도 안 되겠다 싶었던지 어렵게 선원 언니들 몇 명을 교섭한 모양이었다.

그 날 저녁 언니들이 담근 김치는 어느 때보다도 꿀맛이었다. 물론 거기엔 내 눈물과 땀방울이 일조했음은 말할 나위가 없다. 일머리가 둔하긴 지금도 여전하지만 그런 산고를 치르며 교무로서 내 삶도 깊어지지 않았을까?

스승님의 막춤

영산선원의 일상은 반농반선半農半禪의 나날이었다. 학생들은 오전 공부가 끝나면 오후엔 거의 논과 밭으로 나가 농사일을 하며 자신들의 마음농사도 함께 짓는다. 그렇게 울력을 하다가 장난기가 발동하면 정관평 개펄 바닥에서 서로 밀치고 엎어져 온 몸에 뻘 흙 분장을 하고 깔깔거리며 노동의 고단함을 날리곤 했다.

호랑이 같은 선원장님의 고함소리에도 아랑곳없이 선원은 늘 젊은 수행자들의 구도적 열기와 고뇌와 갈등이 혼재된 채 영靈과 육肉, 동動과 정定의 콘트라스트 속에서 활불活佛을 담금질하는 용광로로 타올랐다.

어느 늦가을 저녁, 무슨 행사가 있던 날이었다. 식당 맞은편 학생들의 숙소이자 공부방인 적공실에서 왁자지껄 박장대소가 흘러나왔다. 부엌에서 설거지 하던 나는 무슨 일인지 궁금해서 부엌 일손을 놓고 그곳으로 달려갔다. 그리고는 뒷문을 빼꼼이 열고 방안을 들여다보았다.

방안엔 제자들이 빙 둘러앉아 신나게 박수를 치며 노래를 부르고, 평소 엄하고 무섭기만 하던 원장님이 그 앞에서 장단에 맞춰 춤을 추고 있는 것이다. 사뿐사뿐 앞으로 갔다 뒤로 돌아 흔들고 뛰며 천진무구하게 막춤을 추는 원장님의 모습은 지금껏 선원의 악역을 맡아 후진을 야단치고 나무라시던 그분이 아니었다.

대종사님께 구전심수로 교육을 받은 원장님은 대쪽 같은 성품으로 후학들의 잘못에 대해서는 가차 없이 꾸지람을 내리는 분인지라 내게도 무슨 불호령이 떨어질까 늘 피하고 싶기만 했었다. 그런 분이 제자들과 하나 되어 동심으로 돌아간 것이다.

원장님의 막춤에 화답이라도 하듯 한 제자 또한 대중의 장단에 맞춰 온몸을 흔들며 막춤 2막으로 대중의 뱃살을 거머쥐게 했다.

스승과 제자가 격의 없이 한바탕 어우러진 그 밤의 화기애애한 선 도량 영산은 정겹고 훈훈했다. 낯설어서 늘 서늘하기만 하던 내 가슴도 따뜻해졌다.

선원의 일상은 그렇게 서서히 내게 서원의 작은 디딤돌을 놓았다.

그리고 아무 말도 하지 않았다.

영산선원으로 떠나던 날, 나는 두 권의 책을 가방 속에 챙겨 넣었다. 헤르만 헤세의 소설 《지와 사랑》, 그리고 전혜린의 산문집인 《그리고 아무 말도 하지 않았다》였다. 출가를 결심하던 날 아끼던 책마저 모두 미련 없이 버리고 떠나자고 다짐에 다짐을 했던 터다. 그러나 끝내 그 두 권의 책만큼은 버리지 못했다. 내 젊은 날의 영혼을 격렬하게 흔들었던 두 작가의 책이었기에 그만큼 이별하기가 쉽지 않았다.

처음으로 낯선 곳에 정박한 내게 그 책은 외로움과 향수를 달래주는 유일한 친구였다. 밤이 되면 촛불을 켜고 한 줄 한 줄 아껴 읽으며 다시 책 속에 빠져들곤 했다. 특히 내게 문학적 감수성과 꿈을 키워준 전혜린은 여고시절 나의 삶을 온통 지배하고 있었다.

한 때의 열병 같은 것이었지만 출가 초년병인 내겐 대종사님 보다 헤세나 전혜린의 삶이, 그들의 언어가 더 눈부셨다. 나는 입만 열면 스승께 불꽃처럼 살다간 그녀의 삶과 죽음, 그리고 문학에 대해 이야기했다.

나의 열정 어린 전도에 스승은 드디어 그녀의 책을 한 번 보자고 하셨다. 나는 까맣게 밑줄이 그어진 책 《그리고 아무 말도 하지 않았다》를 스승께 드렸다. 며칠이 지나고, 스승은 나를 불렀다. 나는 상기된 얼굴로 달려가 스승의 표정을 살폈다. 스승은 아주 진지하게 "음~ 참으로 매력 있는 사람이더라."하면서 백제의 '반가사유상' 같은 미소를 지었다. 그리고는 내가 왜 그녀를 좋아하는지 알겠다는 듯 고개를 끄덕였다.

"우와 그렇죠!" 나는 신이 나서 스승께 언젠가는 그녀가 머물던 독일 뮌헨의 몽마르트 슈바빙을 꼭 한 번 가고 싶다고 말했다.
그때 스승은 나직한 목소리로
"그런데 말이지, 다음 생에는 내가 그녀를 꼭 한번 만나보고 싶구나!"
"왜요?"
"가엾어서!"
"왜죠?"
"멋진 사람이긴 하나 그는 인과를 모르고, 영생이 있는 줄도 모르더라. 내가 그를 만나서 진리를 꼭 알려주고 싶다. 다시는 자살하지 않도록 말이야."
"종교는 모든 강물이 모여드는 바다 같은 곳이지. 철학도 예술도 그 바다에 이르러서 더욱 깊어지는 거란다."

  나는 꽤 긴 방황 끝에서야 나의 강물이 그 바다에 이르러 비로소 완성될 수 있음을 알았다. 그리고 수많은 강물이 모여드는 바다와 같은 소태산의 혼을 통해 나는 그 길을 확신할 수 있었다.

소나기

 여름이었다. 옥녀봉 위에 집채 만 한 먹구름이 걸려있었다. 소나기가 다시 후두둑 떨어지기 시작했다. 영산원에 계신 스승께 들렀다. 방문을 지그시 열고 나온 스승은 마루 끝에 앉았다. 그리고 내게도 앉으라는 손짓을 했다. 나도 마루 끝에 걸터앉았다.
 스승과 나는 턱을 괸 채 묵묵히 앉아 점점 거세어지는 빗줄기를 바라보았다. 금세 많은 물줄기가 마당으로 모여들었다. 삽시간에 빗물이 고인 마당은 도랑을 이루었다.
 시간이 흐르고 빗줄기가 조금씩 잦아들었다. 물은 서서히 낮은 곳으로 흘러갔다. 스승은 내게 화두처럼 던졌다.

"저 빗물이 어디서 와서 어디로 흘러가는지 생각해봐라"
"하늘에서 와서 땅속으로요!"
"하하하하"
스승은 너털웃음을 웃었다.

그리고는 "음 그래? 그 소식을 알면 네가 온 곳도 또 네가 돌아갈 곳도 알 수가 있지"

스승은 고개를 끄덕이며 더 생각해보라는 듯이 긴 여운을 남겼지만, 그 말씀은 알쏭달쏭 하기만 했다.

어느새 소나기가 그치고, 마당에 가득하던 빗물도 어디론가 다 빠져 나갔다. 나는 스승께 인사를 하고 내려왔다.

자신의 실존적 물음 앞에서 도대체 철학적 고민을 해보지 않은 것은 아니지만, 저 빗물과 나의 존재가 어떻게 연결되어 있는 것인지 알 수 없는 일이었다.

마당의 빗물들은 필시 보은강을 지나 바다에 이르러 생을 완성하는 것 아닐까? 풋풋한 내 생의 첫 화두는 그렇게 가슴에 맴돌며 깊어갔다.

내 별은 언제 그 별이 될래

　　　　　　　　선원생들이 뿔뿔이 떠나간 선원은 여름방학이 끝나갈 무렵에도 여전히 적막하고 고즈넉했다. 간간이 갯내음 나는 솔바람 소리가 고요를 깨트릴 뿐 백구와 해구(선원에서 키우는 개)마저도 적막함에 지친 듯 이내 꼬리를 내리고 그늘에 앉아 졸곤 했다. 방학이 지루하긴 부엌을 지키던 우리들 세 소녀도 마찬가지였다. 공양원이라는 이름으로 출가 초년병 생활을 주로 대중의 식사를 책임진 우리들은 일이 고될지라도 차라리 빨리 개학날이 오기를 손꼽아 기다리며 식구들 맞이할 준비를 하고 있었다.

　초가을로 가는 햇살이 투명해질 무렵이면 으레 여름내 쑥쑥 자란 향기로운 들깻잎을 따다가 밑반찬을 준비한다. 깻잎을 켜켜이 개어 소금물에 담그면 두고두고 먹을 수 있는 맛깔스런 반찬이 되기 때문이다. 저녁 설거지를 마친 우리는 광주리에 하나 가득 따온 들깻잎을 마루에 부어놓고 빙 둘러앉아 깻잎 개기 작업을 했다. 별들이 총총히 쏟아지던 저녁, 여린 불빛 아래서 세 소녀는 향긋한 깻잎을 개어 광주리에 담으며 노래를 불렀다. "해는 저서 어두운데~" 집을 떠나온 객지살이의 외로움을 그렇게 달래고 있었다.

　노랫소리를 듣고 오셨는지 어느 결에 뒷짐을 진 스승께서 우리 곁에서 계셨다. 물끄러미 세 소녀를 바라보던 스승은 "별빛이 참 곱구나." 하시며 우리 곁에 함께 둘러앉았다. 우린 갑자기 신이 나서 더 큰 소리로 노래를 불렀다. 언제 들어도 좋은 굵직한 바리톤 음성으로 스승은 함께 노래를 불렀다. 우리가 부르던 노래가 끝나고, 스승은 노래 한 곡을 가르쳐주겠다며 먼저 선창을 하셨다.

"하섬 새벽 별은 씻긴 듯 더 영롱하다. 불타가야 숲 사이로 저 별빛도 그랬던가 해마다 아쉬운 별아 내 별은 언제 그 별이 될래"

별빛 쏟아지던 그 밤, 처음 들어 본 스승의 노래는 왠지 절절한 그리움 같은 것이 배어있었다. 그리고 아직 서원이 뭔지도 잘 모르지만 우리들의 여리고 섬세한 가슴에도 그 별을 그리워하는 별지기의 소망을 갖게 했다. 우리는 스승께서 가르쳐준 노래를 늦도록 부르고 또 불렀다.

　수행자의 길 위에서 나는 즐겨 그 노래를 부른다. 해마다 아쉬운 내 별을 바라보며 솔숲 사이로 반짝이는 씻긴 듯 영롱한 그 별을 꿈꾸곤 한다.

내 존재의 자리

　　　　　가을 햇살이 눈부시게 부서지는 날, 빨랫줄에 걸린 하얀 빨래는 그 칼칼함이 마치 수도자를 닮은 듯 정갈하고 서늘한 아름다움을 느끼게 한다.

　많은 대중이 살고 있는 선원 마당의 긴 빨랫줄엔 언제나 하얀 빨래가 바람에 나풀거리곤 했다.

　웬일인지 나는 일을 하다가도 종종 마루 끝에 앉아 바람에 나부끼는 그 하얀 빨래들을 망연히 바라보곤 했다. 그러면 어느새 내면의 뜰에 알 수 없는 평화가 깃들었다. 펄럭이는 흰 빨래를 따라 무심히 나부끼던 마음이 어느 순간 문득 사라져버리는 것이다. 무질서와 꿈이 혼재된 채 좀처럼 상념이 떠나지 않던 그 마음의 오지에 찾아온 고요함은 내게 특별한 체험이었다.

　어릴 적 마당에 서서 "고추 먹고 맴맴"하며 빙빙 돌다가 쓰러지는 순간 아득히 텅 비고 고요해지던 느낌처럼… 아마도 그것은 루미의 '회전 춤' 원리 같은 체험인지도 모른다. 사막의 성자 루미는 회전 춤을 깨달음의 한 방법으로 사용했으니까.

당시 선禪이 뭔지도 모르던 내가 그 깊은 경지야 알 길이 없을 터이지만 갈등과 번뇌로 이글거리던 내면에 찾아왔던 평화로운 느낌은 지금도 생생하다.

많은 시간이 흐르고, 나는 자아를 찾아가는 순례자가 되었다. 그리고 아직도 끝이 보이지 않는 그 길 위에서 방황하고 있지만, 그때 청춘의 한 가운데서 체험한 그 평화의 순간이 바로 내 존재의 자리요, 생명의 원점인 것을 알아가고 있다.

그 자리는 고향처럼 내게 언제나 그리움의 거리에 있다.

도둑과 홍시감

　　　　　　감이 붉게 익어가는 가을 아침, 총부 정화원(여자 예비교무들의 숙소)에 도둑이 들어 야단이 났다. 학생들이 새벽 좌선을 나간 사이에 도둑은 뒤쪽 현관문을 열고 다녀간 모양이었다. 휑하게 열려있는 현관문은 충분히 수상했다. 그 아침 학생들은 각자의 소지품을 점검하며 도둑의 자취를 찾느라 법석을 떨었지만 다행히 물건을 잃어버렸다는 신고는 한 건도 접수되지 않았다. 누군가 열린 현관문을 보고 과민반응을 보였는지도 모른다.

　그러나 다음 날 아침 또다시 문이 열린 채 흙 묻은 신발자국이 현관바닥에 역력했다. 소홀한 방범망에 대한 의견이 분분한 가운데 학생들은 당직을 정해 숙소를 지키기로 했다.

　이튿 날 새벽 학생들이 대각전으로 빠져나가자 당직은 정화원 문을 굳게 걸어 잠갔다. 그런데 조금 후에 현관문 덜컹거리는 소리가 들려왔다. 당직을 서던 도반은 긴장과 두려움이 몰려왔지만 창밖엔 이미 뿌옇게 여명이 밝아오고 있는 터라 마음을 진정하고 창문 틈으로 현관 밖을 내다봤다. 거기 한 남자가 우뚝 서 있었다.

  자세히 보니 새벽안개 속에 흐릿하게 서 있는 그 남자는 바로 총부 대각전 종지기 할아버지였다. 할아버지는 잘 익은 홍시감 몇 개를 손에 들고 있었다. 당직은 그제야 뛰어나가 문을 열었다. 할아버지는 그에게 말없이 홍시감을 내밀었다. 그러고 보니 어제도 그제도 방문 앞에 웬 홍시감이 놓여 있었다는 얘기를 들었다. 할아버지는 덤덤한 표정으로 아무 일도 없었다는 듯 되돌아 나가셨다.

  그 가을 학생들 방 앞엔 매일 아침 붉은 홍시감 몇 개가 놓여 있곤 했다.

전혜린의 머리

교학대학 2학년 여름방학이 끝나갈 무렵 나는 돌연 머리를 짧게 자르고 파마를 해버렸다. 늘 긴 생머리를 목에 닿도록 찰랑거리고 다니던 내가 갑자기 짧은 파마머리로 스타일을 바꾼 것이다. 당시 기숙사에는 파마머리를 한 사람은 아무도 없었다.

우리들은 예비교무 정복이었던 검정한복 통치마 저고리(여름엔 흰저고리)에 머리를 고무줄로 질끈 묶고 교학대학 1학년을 다녔으나, 2학년 때부터는 시대의 변화에 맞춰 검정 원피스로 정복을 바꾸게 되었다.

나는 어느 날 원피스를 입은 내 모습을 거울에 비춰보고는 시원하게 머리도 자르고 싶은 충동을 느꼈다. 그리고는 내가 좋아했던 작가 전혜린의 머리스타일로 바꿔 보자며 미장원으로 달려가서 짧은 단발에 앞머리는 약간 이마를 덮은 채 파마를 하게 된 것이다.

그때 나는 머리만 바꾸고 싶었던 것이 아니고, 내 삶에 뭔가 새로운 변화가 절실했고, 획일적인 기숙사생활에 회의와 염증을 느꼈던 터였다. 어쩌면 나는 그런 일탈로 기숙사의 숨 막히는 질서에 저항이라도 하고 싶었는지 모른다.

아마도 기숙사 훈련과정에 적응하느라 1학년을 별 생각 없이 바쁘게 보내다가 2학년이 되니 나름 주견과 아집이 생기면서 중근기의 슬럼프를 겪었던 것일 게다. 후일 알고 보니 도반들이 대체로 2학년 때쯤 그런 슬럼프를 겪는 일이 많다고 들었다.

개학이 되자 나는 전혜린 머리를 하고서 아무 거리낌도 없이 기숙사에 입사 했다. 그리고 그날 사감님이 날 부르셨다. 사감님은 뜻밖에도 따뜻한 음성으로 방학동안 교당에서 어린이 훈련도 잘 하고 잘 지냈느냐고 안부를 묻고는 머리가 멋있다며 빙그레 웃으셨다. 나는 머리를 만지며 계면쩍게 웃었다.

그런데 그날 저녁 묵학시간이 끝나고 4학년 선배 언니가 나를 기숙사 옥상으로 올라오라고 호출을 했다. 나는 뭔가 싸한 느낌으로 옥상에 올라갔다. 선배는 내게 머리가 그게 뭐냐고부터 시작해서 대중생활의 규칙과 예비교무로서의 품행을 들먹이며 잔소리를 하기 시작했다.

그날 나는 30분이 넘게 선배의 훈육을 들어야 했다. 사실 당시 우리에겐 사감님보다 군기반장으로 나선 선배들이 더 어렵고 무서운 존재였다. 특히 내게 잔소리 하던 그 선배는 깐깐하고 원리원칙주의자라고 은근 소문이 났던 사람이다.

그러나 안타깝게도 그 선배는 교역생활을 마치지 못하고 중도에 교단을 떠났다. 아무도 예상하지 못했다. 늘 굳은 심지로 서원과 신심 공심을 말하며 모범생 잣대로 타인을 검열하고 엄격했기에 그가 그렇게 떠난다는 것은…

그는 정작 자신의 내면을 들여다 볼 시간은 갖지 못했던 것일까?

미역귀와 양푼 밥

　　　　　　　교역자 고시공부를 하던 4학년 막바지, 밤새 함박눈이 펑펑 쏟아져서 온 세상이 은빛으로 변한 아침이었다. 외출금지를 어기고 4학년 여기숙사 고시생들의 작당은 시작되었다. 내장산 소풍을 모의 한 것이다. 만장일치로 계획은 착착 진행되었다. 그러나 시어머니 같은 총무선생님 몰래 점심을 준비하는 일이 문제였다.

　그러자니 애시 당초 우아하고 폼나게 도시락을 싸 갈 처지가 아니어서 우리는 도둑고양이처럼 기숙사 식당을 더듬거리며 몰래 대중이 먹고 남은 아침밥을 양푼에 가득 퍼 담았다. 그리고 역시 뚱친 고추장을 사기종지에 담아 양푼 밥 한 가운데에 푹 쑤셔 넣고 대충 맞는 냄비뚜껑으로 밥을 덮었다. 또 반찬을 찾던 중 미역귀를 발견한 우리는 고추장에 찍어 먹을 요량으로 비닐봉지에 둘둘 말아서 밥 양푼 위에 올리고 보자기로 야무지게 싸매 들었다. 그리고 눈 쌓인 총부를 무사히 빠져나와 원대 앞에 모였다.

　우리는 시내버스를 타고 황등역으로 나가 정읍행 기차를 타기로 했다. 모두들 시린 손을 호호 불며 버스를 기다렸다. 잠시 후 도착한 버스를 타고 황등역 개찰구에 섰다. 그때 누군가 "우리 밥은 누가 들고 왔어?" 하고 물었다. 그런데 아무도 밥을 가져온 사람이 없었다. 차를 기다리는 동안 시린 손을 호호 부느라 바닥에 놓아둔 밥보따리를 서로 챙기지 못하고 모두들 그냥 버스에 올라탄 것이다. 그런 낭패가 없었다.

걱정이 이만저만 아니었다. 만일 총무선생님께 들키기라도 하면 불호령을 면할 수 없기 때문이었다. 우리는 부랴부랴 남자기숙사에 전화를 걸었다. 한 동창 교우를 찾아 무조건 빨리 그 보따리를 주워서 잘 챙겨두라고 일렀다. 식당에는 절대 가져가지 말라고 당부까지 했다. 잘 알았다는 그의 대답을 듣고서 우리는 안심하고 내장산으로 향했다.

온통 흰 눈에 덮인 아름다운 내장산 길을 고삐 풀린 망아지들 처럼 뛰어다니며 우리는 이내 고시생의 근심 걱정을 다 잊고 마냥 즐거웠다. 그리고 흥겨운 노래와 게임으로 마지막 학창시절의 아쉬움을 달래며, 마음의 카메라에 한 컷 한 컷 아름다운 추억을 소중하게 담았다. 그 날 점심은 라면만으로도 성찬이었다. 그러나 저녁 무렵 기숙사에 돌아와 보니 사달이 나고 말았다. 미역귀와 고추장 종지가 박힌 양푼 밥이 고스란히 총무선생님 앞에 당도한 것이었다. 알고 보니 미련 곰탱이 남자 동창이 말을 반대로 알아듣고 그걸 그대로 총무선생님 앞에 대령했다고 한다.

우리는 모두 비에 젖은 꿩처럼 웅크리고 서서 호된 꾸지람을 기다렸다. 그 때 한심한 눈빛으로 우리를 바라보던 총무선생님은 "너희가 거지도 아니고 그게 뭐냐?… 말을 했으면 도시락을 쌌지" "추운데 얼른 들어가 씻어!" 하셨다. 큰 꾸지람과 잔소리가 터질 줄 알았던 우리는 의외로 그 측은지심 어린 말씀에 오히려 뻥한 표정들을 지었다. 그리고 모두가 "휴!" 하고 가슴을 쓸어내리긴 했지만, 총무선생님의 잔소리가 빠지니 어딘가 좀 허전한 느낌이 든 것도 사실이었다.

자전거 향기는 바람에 날리고

교학과를 갓 졸업한 동창 교무의 첫 발령지는 버스에서 내려 시오리를 걸어 들어가야 하는 아주 조그마한 시골교당이었다. 그가 부임한 뒤로 서서히 자전거 향기가 바람에 실려 오며 우리들을 감동시켰다.

매일 자전거를 타고 마을 순교를 다니며 아이들을 모으고, 어른들의 손발이 되어 드린다는 소식이었다. 조용하던 시골교당은 아이들이 뛰어노는 놀이터가 되고, 이웃사람들과 함께하는 지역민의 보금자리로 변했다. 그의 자전거 순교는 거기에 머물지 않고 온 동네를 종횡무진 달리며 마을법회를 열기도 했다.

그 향기는 총부에 계신 스승에게도 전해졌다. 스승은 마냥 어리게만 생각했던 초년병 제자가 기특하고 대견했다.

어느 여름 날 스승은 행장을 꾸렸다. 여건이 어려운 농촌지역에서 열심히 살고 있는 어린제자의 모습이 보고 싶기도 하고 격려도 할 겸해서 동창인 나를 데리고 길을 떠났다. 나와 스승은 맛있는 과자와 수박을 양손에 사들고 시골버스에 올랐다. 그런데 때마침 내린 비로 시오리를 걸어들어 가야 하는 질척한 황톳길이 기다리고 있었다. 그 지역은 "마누라 없이는 살아도 장화 없이는 못 산다"는 곳이었다.

차에서 내린 스승과 나는 구두와 양말을 벗었다. 그리고는 물건을 쌌던 끈을 풀어 치마허리를 동여맸다. 수박은 머리에 이고 나머지 짐은 하나로 묶어 들고 길을 재촉했다. 비 온 뒤의 무더위라 등이며 이마엔 땀이 비 오듯 쏟아졌다. 그래도 제자를 그리워하는 스승의 마음은 무거운 짐을 뒤로 하고 단숨에 달려 마침내 교당에 닿았다.

마당에 들어서는 스승을 본 제자는 신발을 신는 둥 마는 둥 달려 나와 우리들을 맞이했다. 제자의 눈이 붉게 물들었다. 스승과 나도 눈시울이 뜨거워졌다. 눈물이 그렁그렁해진 우리는 서로 그저 말없이 한참을 꼬옥 껴안았다. 등 뒤로 보이는 스승의 적삼이 땀에 흠뻑 젖어있었다. 내 등에도 흥건하게 땀이 차올랐다.

백숙 잔치

　　　　　　교역의 첫 출발을 총부 교정원 총무부 말단 주사로 시작했다. 당시 총무부는 회의가 어찌나 많던지 종일 회의 준비로 쫓아다니다 보면 괜히 노곤하고, 더욱이 여름밤 더위에 지치고 모기에게 헌혈하다 보면 이내 쉽게 잠들지 못해서 피로가 쌓이곤 했다.

　에어컨은 물론 선풍기마저 구하기 어려웠던 시절, 그저 부채로 더위와 모기를 날리며 여름밤을 보내는 것 그 자체가 우리에겐 정진이었다.

　어느 날 엄마가 더위를 이기는 보양식이라며 큰 냄비에 갖은 약재를 넣어 만든 엄마표 토종백숙을 해오셨다. 나는 출출한 저녁시간에 동창 도반과 함께 백숙잔치를 열기로 하고 장소를 물색했다. 보은원 숙소에서는 냄새를 풍겨 민폐가 될까봐 제3의 장소가 필요했던 것이다.

　잔머리를 굴린 결과 마침 보은원 꼭대기 옥상이 생각났다. 사실 그곳은 올라가는 사다리가 좀 가파른지라 거의 가본 적이 없는 곳이었다. 그런데도 생각해보니 거기만큼 감쪽같이 잔치를 벌 릴 만 한 곳도 없었다.

드디어 어둠이 내리고, 우리는 때를 기다렸다는 듯이 한 친구는 손전등을 들고 앞장서고, 두 명은 백숙찜통과 그릇을 들고 가파른 사다리를 엉금엉금 기어서 옥상으로 올라갔다. 그곳은 호젓하고 바람도 시원하게 불어 모기가 없으니 안성맞춤이었다. 밤하늘엔 별들이 총총히 빛나고, 어둠 속에 서 있는 성탑과 영모전 광장의 고즈넉한 실루엣은 제법 분위기 있는 밤 풍경을 연출했다.

그 밤 우리는 쏟아지는 별빛 아래서 옥상바닥에 백숙찜통을 펴놓고 맘껏 수다를 떨며 보양식 밤참을 맛있게 먹었다.

이튿 날 아침, 백숙잔치 그릇을 씻는데 찜통뚜껑이 보이지 않았다. 필시 옥상에 놓고 온 것이 분명하기에 나는 가파른 사다리를 타고 다시 옥상으로 올라갔다. 그런데 어젯밤 잔치를 벌였던 바닥을 보니 새똥이며 새털과 검불 등 오물이 잔뜩 쌓여있지 뭔가! 마치 새들의 화장실이라고 할 만큼 더럽고 지저분했다. 그 위로 새똥이 점점이 묻은 전깃줄이 지나가는걸 보니 새들은 그곳에 앉아 볼일을 보았을 터다. 간밤 우리는 새들의 화장실 위에 주저앉아 맛있게 먹고 멋진 분위기에 취했던 것이다. 나는 갑자기 속이 매스꺼워져서 왝왝거리며 서둘러 그릇을 챙겨들고 내려왔다.

원효의 해골물 사건이 바로 그런 것이었을까? 새똥이 널브러진 옥상을 보는 순간 어젯밤 그렇게 멋진 풍경과 맛있던 음식이 갑자기 매스꺼워 지다니…

일체유심조一切唯心造라! 필시 깨끗함도 더러움도 다 이 마음이 지어낸 분별일 터다.

자연의 소리를 들어야지!

1. 정월 대보름이 지나고, 총부의 햇병아리 교무들 셋은 주말에 순천 송광사 불일암 쪽으로 산행을 나섰다. 그곳에 법정스님이 계시기 때문이었다.

법정스님은 당시 《무소유》《영혼의 모음》등의 책을 펴내며 깊은 울림을 주는 글을 통해서, 그리고 무소유의 청빈한 수행자로서 많은 사람들의 존경을 받고 있었다. 같은 수행자의 길을 걷고 있는 우리 또한 스님의 글에 깊은 공감과 감동을 받은 터라 뵙고 싶었고 불일암의 생활도 궁금했다.

우리는 등산복 차림에 배낭을 메고 버스를 몇 번 갈아타며 송광사에 도착했다. 절 주변의 매화나무엔 벌써 봉긋하게 꽃망울이 머물며, 봄은 남도에서부터 시작되고 있었다. 송광사를 둘러보고 불일암으로 가는 산길을 따라 걷다보니 고갯마루에 이르렀다. 그곳에서 내려다보니 맞은편 산 아래 나지막이 서 있는 조그마한 암자가 보였다. 그곳이 바로 불일암인 것을 짐작한 우리는 잠시 고갯마루에서 쉬어가기로 했다.

맑은 공기와 싱그러운 산 냄새를 맡으며 노래도 부르고 수다를 떠는 등 즐거운 시간을 보내다가 다시 발걸음을 내딛었다.

2. 불일암에 도착했다. 암자는 텅 빈 듯 고요하고 적막했다. 댓돌위엔 하얀 남자고무신 한 켤레가 정갈하게 놓여있었다. 우린 그 적막한 분위기에 압도되어 차마 스님을 부르지 못하고 동태만 살피고 있었다. 얼마 후 방문이 열리고 키가 큰 스님 한 분이 툇마루로 쓱 나오더니 댓돌위에서 고무신을 신는 듯 하다가 웬일인지 금세 다시 방으로 들어가는 것이다. "스님 나오신다!"고 웅성대던 우리의 인기척을 들은 걸까? 책에서 산문에 무례하게 찾아오는 사람들 때문에 어려움이 많다고 토로했던 내용이 떠올랐다. 그분이 법정스님인지 알 수 없으나 아마도 우리의 기습 방문을 마땅찮게 여긴 듯 싶었다.

그러나 우린 무례함을 무릅쓰고 스님이 다시 나오실 때까지 암자 모퉁이에서 조용히 기다리기로 했다. 인기척이 없자 스님은 곧 다시 방문을 나와 조금 떨어진 오두막 암자를 향해 걸어가고 있었다.

우리는 이 때다 하고 스님께 달려가 인사를 하며, "스님, 법정스님을 뵙고 싶어서 왔는데요. 만나 뵐 수 있을까요?" 하고 여쭙자 스님은 "법정? 법정스님은 저 큰절에 가고 없어! 큰절로 가봐!" 하며 손사래를 쳤다. 스님의 목소리는 아주 퉁명스럽고 까칠했다.

우린 사실 스님의 얼굴을 책에서 사진으로만 봤을 뿐 잘 알지 못한 터였다. 그리고 그 까칠한 말투에 기가 죽어서 "네~"하고 그냥 돌아서던 순간에 나는 아무래도 사진속의 법정스님이 분명한 것 같아서 다시 용기를 내어 물었다. "스님, 스님께서 법정스님 맞죠?" 하니 스님은 여전히 퉁명스럽게 "산에 왔으면 산소리를 들어야지, 예쁘지도 않은 목소리로 뭐 그렇게 떠들고 그래! 산새들도 놀랐겠다!" 하고 나무라셨다. 고갯마루에서 쉬는 동안 웃고 노래하던 소리가 암자까지 들린 모양이었다. 우리는 빨개진 얼굴로 "죄송합니다. 산에 오니 너무 좋아서요.~," 그리고는 당돌하게도 "스님 글을 보며 참 따뜻한 분이라고 생각했는데, 왜케 무섭고 차가우세요?"

스님은 그제서야 얼굴 근육을 풀고 엷은 미소를 지으며 "어? 내가 따뜻하면 다 녹아버리라고!" 건조한 목소리로 이렇게 농담을 던지고는 "이왕 왔으니 점심이나 한 끼 하고 가지"하며 오두막 별채인 부엌으로 가자고 하셨다. 때가 마침 점심 무렵인지라 스님도 식사를 위해 부엌으로 가던 중이었다. 우린 안도의 숨을 내쉬며 스님을 따라 부엌으로 내려갔다.

3. 스님의 오두막부엌은 참으로 정갈했다. 불을 때는 아궁이와 대나무로 엮어 만든 검게 훈연된 찬장이며, 손수 만든 빠삐옹 식탁, 석유곤로 등 소박하고 깨끗하게 정리된 재래식 부엌풍경은 스님의 분위기와 닮은 듯 했다.

추운 날씨라 먼저 아궁이에 군불을 지핀 스님은 보름날 큰절에서 가져온 찰밥과 나물이 있으니 그것을 데워 먹자며 석유곤로를 켜고 찰밥을 데웠다. 우리는 스님을 도와 빠삐옹 식탁에 수저와 반찬을 놓고, 한 사람은 스님이 일러준 대로 땅에 묻어둔 항아리를 열고 김치를 꺼내왔다. 냉장고가 없던 시절 절집 땅에서 곰삭은 시원한 김치 맛은 일품이었다.

그렇게 법정스님이 손수 차려준 식사를 마친 우리는 설거지 담당을 자처했다. 스님은 그릇을 씻어 찬장에 얹는 요령을 알려주며 설거지가 곧 마음공부의 기회라고 훈수를 두셨다.

한결 친근해진 스님은 차나 한잔 하고 가라며 본채의 암자로 우릴 초대했다. 본채는 부처님을 모신 작은 법당과 스님이 머무는 방 한 칸이 전부였다. 벽에 걸린 작은 족자 하나와 간단한 차 도구, 그리고 회색 방석 하나 뿐, 군더더기 없는 스님의 방은 수행자의 공간답게 단순한 아름다움이 느껴졌다. 우리는 스님이 우려 주는 맑고 향기로운 차를 마시며 많은 얘기를 나누었다.

절밥을 먹었으니 자기소개를 해보라는 스님의 말에 우린 사복을 입었던 터라 햇병아리 교역자 신분을 숨기고 학교에서 아이들을 가르치는 교사들이라고 둘러댔다.(마침 한 도반이 학교에 근무중이었음)

무례한 불청객들에게 따뜻한 차와 식사는 물론 마음의 양식을 듬뿍 대접해준 스님은 까칠하고 퉁명스런 표현 뒤에 역시 녹슬지 않은 깊은 감성과 따뜻한 내면의 뜰을 가진 맑고 향기로운 분이셨다. 불법을 시대의 언어로, 대중의 눈높이로 풀어내며 세상과 함께하면서도 세상에 물들지 않는 연꽃 같은 수행자이셨던 스님과의 만남은 행운이었다.

"수행자는 가난해야 도에 가까이 갈 수 있다"며 선택된 가난과 무소유의 삶을 역설하던 스님은 비록 종교는 다르지만 수행자의 길을 걷는 내게 늘 경종을 울리는 스승이요, 닮고 싶은 선배이기도 하다.

떠나버린 기차

중간 발령을 받은 동창 교무가 하필 추석을 이틀 앞두고 새 임지로 떠나게 되었다. 나는 수보리 언니와 함께 상객(上客)으로 따라나섰다.

우리는 무거운 짐 가방을 든 채 발 디딜 틈 없이 붐비는 기차간을 비집고 들어가 겨우 지정석을 찾았다. 그런데 그곳엔 이미 다른 사람이 앉아있는 것이 아닌가. 우린 정중히 표를 내보이며 좌석을 비워달라고 했다. 그들도 표를 내밀었다. 살펴보니 좌석을 이중 예매한 것이다. 우린 꼼짝없이 먼저 앉은 그들에게 자리를 양보하고 승무원을 찾아가 문제 해결을 요청했다. 다행히 승무원은 그들의 실수를 인정하며 다른 칸으로 다시 객석을 정해주었다.

하지만 귀성객들로 입추의 여지가 없는 객실은 이동하기가 쉽지 않았다. 그러자 "객실을 옮길 사람은 실내가 복잡하니 다음 역에서 플랫폼에 내려서 이동하라"는 안내방송이 흘러나왔다. 알고 보니 좌석 이중 예매가 한두 건이 아닌 모양이었다. 우린 다음 역에서 내렸다.

셋 중 막내인 나는 기사도 정신을 발휘하여 제일 무거운 가방을 양손에 끌고 플랫폼의 인파에 밀려가며 새 객실을 향해 걸었다. 그런데 이게 웬일인가? 객실에 도달하기도 전에 기차가 "뿌~우!" 하고 서서히 움직이는 것이다. 나는 배꼽까지 닿는 큰 가방을 들고 땀을 뻘뻘 흘리며 바삐 걸었지만 떠나가는 기차에 올라타기는 역부족이었다. 그런데 기차가 움직이자 두 언니는 본능적으로 잽싸게 몸을 날려 열차에 오르는 것이다. 가방을 버리고 뛸 수도 없고 나는 그저 눈앞에서 미끄러져 가는 기차를 바라보며 발만 동동 굴러야 했다. 열차 입구에 매달린 두 언니 또한 남겨진 나를 안타깝게 바라보며 멀어져가고 있었다. 한 순간의 일이었다. 나는 어이없는 표정으로 냅다 달아나는 기차 꽁무니를 멍하니 바라보며, "아니 그래도 그렇지. 언니들은 무거운 짐가방을 나에게만 맡겨놓고 그렇게 떠나버릴 수가 있어?" 하고 부아가 치밀어 올랐다. 그런데 옆에서 "영감탱이 저 혼자만 차에 올라타?" 하면서 할머니 한 분이 씩씩거리는 것이다. 나는 얼른 할머니를 돌아봤다. 그러자 할머니는 미소를 지으며 내게 합장을 했다.

교도님이었다. 통성명을 하고 보니 나와 같은 처지였던 것이다. 할머니는 자신을 놔두고 할아버지 혼자 차에 올라 탄 것이 못내 섭섭하고 배신감마저 느낀다고 했다. 동병상련이라고, 우린 단박에 동지가 되었다. 나는 짐가방에 할머니까지 모시고 역사로 나가 승무원에게 대한민국 철도행정 운운하며 속상함을 토로했다.

승무원은 깍듯이 내 가방을 들어주며 사과를 했다. 그리고 한 시간 후에 다음 기차가 도착하니 그걸 타고 내려가라고 안내해 주었다. 배신의 쓴맛을 본 할머니와 나는 오랜 친구인양 플랫폼 의자에 앉아 노랗게 익어가는 들녘을 바라보며 고향 얘기부터 주거니 받거니 도란도란 이야기꽃을 피웠다. 알고 보니 할머니는 원광대학교 김팔곤 교수 모친이셨으며, 추석을 맞아 고향인 광주에 내려가는 길이었다.

그사이 승무원이 달려와 앞에 간 일행이 광주에서 기다리고 있으니 안심하고 다음 기차로 내려오라는 전화가 왔다고 말해준다. 할머니와 나는 동시에 입을 삐쭉거리며 다시 고향 이야기 속으로 빠져 들었다.

가을 햇살에 물든 할머니의 얼굴이 참 맑고 따뜻해보였다.

갈고리와 삶은 달걀

　　　　　　　　　　대학을 졸업하고 첫 교무 발령을 받은 곳이 총부 총무부였다. 대학 4년을 총부에서 살고, 다시 총부생활을 하게 되었지만 교무로서 첫 출발이 된 총부생활은 전혀 새로운 시작이었다.

　교단의 중심인 총부는 종법사님을 모시고 하늘 같이 높아만 보이던 선진 어른들과 선배들, 그리고 많은 직원들이 함께 살고 있는 터라 이제 갓 졸업한 햇병아리 교무에게는 발걸음도 크게 떼지 못할 만큼 조심스럽기만 한 도량이다.

　그럼에도 불구하고 근무처는 달랐지만 총부 보은원 숙소에는 동창들이 3명이나 살게 되어 어찌나 신나고 위안이 되었는지 모른다. 우린 퇴근하면 종종 한 방에 모여서 옆방 눈치를 살펴가며 수다를 떨고 깔깔대기 일쑤였다.

　이 때 빠질 수 없는 것이 출출한 배를 채워줄 간식거리다. 당시 우리가 특식으로 즐겨먹던 간식은 삶은 달걀이었다. 삶은 달걀은 라면처럼 냄새도 나지 않고 아주 든든한 먹거리였다. 그 땐 달걀이 단백질이 많다느니 완전식품이거니 하는 것은 몰랐지만 삶기만 하면 되는 간단한 요리였기 때문이다. 그러나 연탄을 때던 시절이라 숙소 뒤 모퉁이로 돌아가 냄비에 달걀을 삶는 일이 번거롭긴 했다.

그런데 어느 날 동창 언니가 쇠로 만든 갈고리모양의 물 끓이는 전기제품을 사왔다. 그것은 냄비도 필요 없고 플라스틱 컵에 물을 붓고 쇠갈고리를 넣은 후 플러그를 꽂으면 물이 끓는 방식이었다.

갈고리가 담긴 플라스틱 컵에 물을 붓고 달걀을 3개 정도 넣으면 안성맞춤으로, 십여 분 뒤엔 완숙달걀을 꺼내 찬물에 식힌 후 껍질을 벗기고 소금을 찍어가며 먹을 수 있었다. 입가엔 포슬포슬한 노른자 가루를 묻혀가며, 우리들의 이야기도 신나게 무르익어가곤 했다.

교무 초년병들은 그렇게 총부생활의 긴장을 풀고, 꿈과 서원을 키우며, 조금씩 교단이라는 숲을 보는 안목도 키워갈 수 있었다.

III
흰 고무신

어디 먹을 것이 없어서

　　　　　　　새벽에 잠이 깼는데 속이 메스껍고 머리가 빙빙 돌아 일어날 수가 없었다. 가까스로 정신을 차려 밖으로 기어나오며 주임교무님을 부르다 쓰러지고 말았다. 옆방에서 교무님이 달려왔다. 놀란 교무님은 연탄가스에 중독된 것 같다며 나를 시원한 곳에 눕히고 물김치 한 사발을 가져다 마시게 했다. 그러나 현기증과 메스꺼움은 여전히 심했다.

　김칫국물이 효험이 없자 교무님은 연탄가스 중독은 아니고 체한 것 같다며 이번에는 소화제를 먹인 후 바늘로 열 손가락을 사혈시키고 등을 두드려 주었다. 그렇게 응급처치를 하고 누워있으니 증세가 조금 호전되는 듯 했다. 그러나 이내 다시 현기증이 심해졌다. 몹시 고통스러웠다. 교무님은 급히 택시를 불러 병원으로 데리고 갔다. 검진 결과는 엉뚱하게도 맹장이 몹시 부어서 터지기 직전이라며 곧 수술을 해야 한다는 것이다.

　맹장수술은 그런 야단법석 끝에 이루어졌다.

수술을 마치고 의사선생님은 방귀가 나온 후에는 부지런히 운동을 해야 빨리 회복된다고 당부했다. 흔히 사람들은 맹장수술도 수술이냐며 별 것 아니라고 하지만 당하는 사람은 그 고통도 만만치 않은 것이다. 그래도 나는 잘 견디며 부지런히 걷기운동을 했다.

  이틀이 지나고 도반들이 문병을 왔다. 그들은 빙 둘러앉아 수다를 떨며 위문 공연을 펼쳤다. 나는 그 분위기에 휩싸여 잠시 아픔도 잊고 즐거웠다. 그런데 한 친구가 불쑥 "어디 먹을 것이 없어서 맹장이 터지도록 돌을 주워 먹었당가 이잉?" 하는 것이었다. 그 말을 듣는 순간 병실엔 와르르 웃음보가 터졌다. 나 또한 폭소를 터뜨리고 말았다.

  그런데 무슨 마법이라도 걸린 듯 좀처럼 웃음을 멈출 수가 없었다. 거기에 또 한 친구가 "애고 꿰맨 것 터진다!" 하며 2탄을 터뜨려 기름을 붓자 나는 수술 부위가 팽팽해지도록 웃음을 더욱 참을 수가 없었다. 한참만에야 아픈 배를 움켜쥐고 겨우 웃음이 진정되었다.

  도반들이 떠나고 상처 부위를 살펴보니 거즈가 붉게 물들어 있었다. 간호사가 거즈를 떼어내니 꿰맨 곳이 곧 터질듯 피가 찔끔거리고 있었다. 간호사는 신속하게 상처부위를 소독하고 단단하게 반창코를 붙이며 조금만 더 웃으면 다시 꿰매야 한다고 주의를 주었다. 나는 괜히 또 킥킥 웃음이 나왔다.

  그때 도반들이 선사한 웃음의 명약 덕분인지 일주일 후에 나는 건강한 몸으로 퇴원할 수 있었다.

당신 북에서 왔어?

　　　　　　　　서울에서 부교무로 근무 하던 어느 해 여름 나는 시내에서 학생회원들과 데이트를 마치고 교당으로 돌아오는 길이었다.
　교당을 가려면 육교를 하나 건너게 된다. 그날도 언제나 처럼 검정치마 흰 저고리의 정복을 입고 육교를 건너고 있었다. 햇볕이 따가워 한 손을 이마에 대고 햇빛 가리개를 하며 타박타박 걸어가고 있는데, 갑자기 맞은편에서 오고 있던 한 60대 남성이 내 앞에 멈추더니 고약한 눈빛으로 손가락 권총을 쏘며 "당신 북에서 왔어? 아니면 조총련이야?" 하고 따져 묻는 것이다. 순식간에 벌어진 일이라 너무 당황한 나는 아무 말도 못하고 일단 그 사람의 무례한 손가락 권총을 옆으로 슬쩍 피해버렸다.
　그는 다시 "당신 복장을 보니 북조선 사람이거나 조총련이 틀림없고만~" 하며 따지듯 묻는 것이다. 그제야 정신을 차린 나는 눈빛을 꼿꼿이 세우고 "아니요 대한민국 사람인데요." "왜 우리나라 사람이 그런 옷을 입고 다녀?" 그는 정말 나를 조총련이나 아주 어리버리한 사람으로 본 것인지 나오는 것이 반말이었다.

나는 정색을 하며 "아니 치마저고리가 우리의 전통 복장인거 몰라요? 전통 옷을 입은 것이 뭐가 문제입니까?" 하니

이번에는 역전되어서 그 아저씨의 기가 조금 죽은 듯 "요즘에 흰색 검정색 한복 입는 사람이 드물잖아요!" 긴장했던 나도 조금 누그러진 말투로 "저는 원불교 성직자입니다. 원불교는 한국에서 시작된 종교라 우리의 전통복장을 여성 성직자의 정복으로 입고 있어요."

아저씨는 "우리나라에 원불교가 언제 생겼나?" 하며 슬슬 발길을 돌렸다. 나는 가는 사람 붙들고 뭐라 더 얘기할 수도 없고, 어깨에 힘이 쭉 빠져서 터벅터벅 육교를 걸어 내려갔다.

당시 원불교 역사가 66년 쯤 되던 해라 사회적 인식이 별로 많지 않기는 했지만 대한민국의 서울에서 그 정도인 줄 미처 몰랐다.

이 복장을 입고 이 길을 가고 있는 것에 대한 자부심이 충천하던 그 때, 그 아저씨의 무지함에 자존심이 많이 상했지만 한편은 교화에 대한 열정이 더 뜨거워진 계기가 되기도 했다.

옳소교에 빠진 나

　　　　　　작은 한옥을 개조한 서울 제기동의 초창교당 법당에서 30여 명의 교도들이 발을 포개고 엉덩이를 부딪쳐가며 법회를 보았다. 마치 3백여 대중이 모인 듯이 법당은 신앙의 열기로 후끈거렸다. 그곳에서 첫 부교무를 시작한 나는 법회 진행을 맡아 그 열기를 느끼며 교화에 대한 꿈과 희망을 키워 나갔다.

　부교무 시절 가장 많이 걸린 계문은 아마도 "연고 없이 낮잠 자는 것"일 테다. 그 시절 잠은 왜 그리 시도 때도 없이 쏟아지는지, 다른 도반들도 그 푸르른 날들의 에피소드 중 많은 얘기가 잠을 떠날 수 없다. 자고 자도 졸리고 또 졸려서 그래서 틈만 나면 조~올조~올 하기 일쑤였다.

　일요법회 사회를 볼 때는 기도문과 식순 사이사이 멘트 등을 나름 꽤 준비하며 법열로 기름 부은 멋진 법회를 진행하고자 노력했다.

　교무님의 설교가 진행되는 동안 사회자인 나는 언제나 불단 옆에 붙어있는 작은 쪽방 의자에 앉아있어야 했다. 비좁은 법당이다 보니 궁여지책으로 거기에 앉아야 되지만 나는 대중이 보이지 않는 그 은밀한 공간을 무척 좋아했다. 왜냐면 그곳은 교무님의 설교가 진행되는 동안 맘껏 졸아도 되는 나만의 또 다른 해방구였기 때문이다.

나는 제법 그곳에서 짜릿한 졸음의 자유를 즐기곤 했다. 그럴 때 교무님의 설법은 아주 달콤한 자장가였으니까.

어느 날 그렇게 비몽사몽간 옳소옳소 끄덕끄덕하며 졸고 있는데 갑자기 "아이고 부교무야 거기서 뭐하노?" 하는 교무님의 목소리가 들렸다. 깜짝 놀란 나는 "예?" 하고 벌떡 일어났다. 설법이 끝나고도 사회자가 나타나지 않으니 수상쩍게 생각한 교무님이 쪽방을 들여다 본 것이다. 짐작대로 나는 옳소교에 푹 빠져있었던 것이다.

청중석은 벌써 웃음바다가 되었다. 나는 빨게진 얼굴을 배시시 내밀고 "죄송합니다." 하고 90도 각도로 넙죽 절을 올렸다. 교무님은 그런 나를 위해 "우리 부교무 박수 한 번 쳐 주이소! 이리 뛰고 저리 뛰고 한참 고단할 때 아입니꺼" 하셨다. 법당은 다시 대중의 박수와 웃음소리로 가득했다.

옳소옳소! 끄덕끄덕! 그 많던 잠의 여신은 다 어디로 가고, 이제 종종 불면의 시간이 많아진다.

트렁크 속의 보물

　　　　　　　서울에서 햇병아리 부교무 시절을 보내던 어느 날 이른 새벽에 주무님 부부가 커다란 트렁크를 들고 교당에 오셨다.
　교무님과 나는 새벽 좌선을 하다말고 두 분을 맞이했다. 주무님은 연신 눈물을 훔치며 교무님과 한참동안 얘기를 나누더니 가져온 트렁크를 내밀고는 언젠가 다시 찾으러 올 때까지 잘 보관해달라고 부탁했다. 두 분은 그 새벽에 멀리 길을 떠난다고 했다. 두 분의 사정을 어느 정도 알고 있었지만 그렇게 황급히 떠날 줄은 몰랐다.
　당시 회사를 경영하던 두 분은 승승장구 잘 되던 사업이 점점 어려워지면서 여기저기 아는 지인과 교도들로부터 자금을 빌려 쓰게 된 것이다. 신심 깊은 두 분은 그동안 교단과 교당사업에도 중추적 역할을 한 만큼 교도들의 신망이 두터웠기 때문에 주변에 미친 경제적 사고는 더 파장이 컸다. 그동안 백방으로 노력했지만 결국 감당할 수 없는 지경에 이르자 사실상 파산을 하고 그 새벽 잠적하게 된 것이다.
　당시 교당은 초창기였기에 살림집을 개조한 조그만 법당에서 법회를 보았지만 교도들의 꽃발신심은 충천했고, 화기애애한 분위기 속에서 교화가 쑥쑥 성장할 때였다. 그 일로 교화에 큰 타격을 받을 것은 자명했다. 그러나 교무님은 그런 내색도 없이 주무님을 꼬옥 껴안고 등을 토닥이며 위로와 응원을 보내셨다.

그들이 떠나고 나서 교무님은 다른 교도님 걱정을 하며 깊은 한숨을 내쉬었다. 그 교도는 이른 새벽부터 리어카를 끌고 골목마다 다니며 채소를 파는 분이었다. 그렇게 모은 손때 묻은 전 재산을 주무님께 맡겼는데 받을 수 없게 되니 무척 마음 아파하셨던 것이다. 그날 저녁 교무님은 2층 다락방에 숨겨둔 주무님의 트렁크를 열어보자고 하셨다. 어쩌면 황망히 떠나느라 미처 정리하지 못한 귀중품이 혹 그 속에 있을지도 모른다며, 그것이라도 채소장수 교도님께 줄 수 있길 염원하셨던 것이다.

교무님과 나는 긴장된 마음으로 굳게 닫힌 트렁크 지퍼를 조심스럽게 열었다. 트렁크 속엔 다시 깨끗한 보자기로 정갈하게 쌓여진 물건이 놓여있었다. 천천히 그 보자기를 풀었다. 그것은 원불교 전서와 책, 그리고 조그마한 일원상 액자가 전부였다. 교무님과 나는 크게 실망하며, "뭐 귀중품이라도 좀 숨겨 둔 줄 알았는데~"하고 아쉬운 표정을 지었다.

그러나 교무님은 이내 "그래 가장 소중한 것은 경전이고 일원상이지!" "내는 믿는데이! 두 분의 신심과 평소 심법을 볼 때 꼭 다시 일어나서 빚도 갚고 그럴 끼라!" 교무님 눈이 젖어들었다.

오랜 세월이 지난 후 그 주무님 소식을 들었다. 남편은 열반하시고, 모진 세월 속에서도 믿음을 져버리지 않으며 끝내 빚을 다 갚고 노년을 마음공부 하는 즐거움으로 보낸다는 소식이었다.

귀신과 함께

　　　　　　　서울 중구교당 부직자로 부임한 나는 법당 옆에 붙어 있는 조그마한 방을 숙소로 사용했다. 조금 외진 곳이긴 했지만 법당과 바로 연결되어서 편리한 점도 있었다.

　그곳에서 두세 달쯤 지났을까? 교당에서 하숙을 하고 있는 직장인 청년교도가 불쑥 "부교무님, 그 방에 귀신들이 많아요. 나도 귀신하고 함께 자는 데, 막 가위눌리고 그랬어요." 하고 얘기를 했다. 평소 좀 짓 궂고 농담도 잘 하는 친구라 "에이 무슨 농담을 그렇게 해요" 하고 가볍게 대꾸했지만 그는 "정말인데요. 이제 더 지내봐요. 그럼 알걸요." 하고 알 듯 말 듯 한 미소를 지으며 내 방 불단 쪽 벽에 작은 문을 열어보라는 것이다.

　그 친구는 당시 법당을 사이에 두고 내 방과 반대 방향에 있는 숙소에 살고 있었다. 나중에 알고 보니 양쪽 방은 법당 불단 밑을 지나는 좁은 통로로 연결된 공간이었다. 내 방에 있는 그 공간은 작은 문이 달려 있지만 테이프로 봉인 되어 있어서 나는 아예 열어볼 생각도 하지 않고 지내던 터였다. 그런데 그 친구의 묘한 웃음과 농담 같은 말이 떠올라

자꾸 궁금증이 생겼다. 그 곳에 뭐가 있는 것인지.

그러다 호기심을 못 참고 결국 문을 봉인한 테이프를 북북 떼어내고 그곳을 열었다. 아, 거기엔 오래된 영정사진들이 무더기로 놓여 있지 뭔가! 아마도 교당의 역사만큼 영가들의 사진도 쌓여있는 듯 했다. 두려움을 무릅쓰고 사진 몇 점을 꺼내 살펴보니 모두가 오래된 듯 먼지가 쌓이고 퇴색되어서 보기 험한 사진들이었다. 나는 곧바로 사진들을 주섬주섬 다시 그곳에 넣어버렸다. 그리고 테이프로 더 꽁꽁 다시 봉인하고 말았다. 그 날 저녁이 되었다. 사진에서 본 영가들의 모습이 자꾸 눈에 어른거려 두려움이 엄습했다. 청정주를 외우고 독경을 해보지만 두려움은 사라지지 않았다. 사진을 보기 전에는 아무렇지도 않았던 마음이 이렇게 흔들리다니~ '일체 유심조'란 바로 이런 것인가 했다.

그러나 천도재를 지내본 경험도 많지 않은 터라 나는 안절부절 진정하지 못하고 있다가 마침내 베개를 들고 주임교무님 방문을 두드렸다. "우얀 일이꼬?" "오늘부터 저 교무님 방에서 잘래요." 하고 자초지종을 말씀드리니, 교무님은 "우짜노! 아직 애기다." 하시며 "그래 한방에서 살아보자" 하셨다. 나는 그렇게 그날부터 몇 달 간 주임교무님과 동거를 하게 되었다.

처음엔 조금 불편한 점도 없지 않았지만 워낙 어머니 같은 분이라 오히려 잠도 잘 잘 수 있었다. 뿐만 아니라 조석으로 교무님과 도란도란 문답감정도 하고, 교당 일에 대해서 자연스럽게 의견교환을 하며 교무님과 인간적으로도 더 친밀해지는 계기가 되었다. 교무님과 한 방을 쓰던 그 몇 달간 나는 마치 엄마 곁에 있는 듯 아무 걱정도 없이 참으로 든든하고 따뜻했다.

불발된 꿈

　　　　　　　　　교무로서 간직했던 꿈이 있었다. 부직자 생활을 마치고 단독교무가 되면 나는 초등학교 교사자격증을 따서 외딴 섬에 들어가 평일에는 아이들을 가르치고, 일요일엔 법회를 보며 자력으로 교당을 꾸려가는 교무가 되고 싶었다. 〈대종경〉 서품 18장에 "출가자도 처지 따라 직업을 갖게 하라"는 소태산 스승님의 말씀에 공감하며 그런 교역생활을 해보고 싶었다.
　당시 대학 졸업을 앞두고 동기생들은 교역의 진로에 대해 많은 얘기를 나누며 나름 청운의 꿈을 꾸곤 했더랬다. 교단의 관행대로 인사방침에 따른다는 도반도 있지만, 도시빈민 교화나 무연고지 개척, 혹은 나처럼 섬마을 교화 등 특수분야의 교역을 꿈꾸는 도반들도 있었다.
　사회적 여건이나 교단의 현실을 떠나 그저 이십대의 젊음이 꿈꿀 수 있는 막연하고 낭만적인 동경일 수도 있지만 교무도 직업을 가지고 경제적 자립을 세워서 문화적 오지인 섬마을에서 교화의 꿈을 펼치는 것도 보람 있고 즐거운 일이라고 생각했다.

당시엔 교육대학을 나오지 않고 고졸만으로도 국가에서 주는 초등학교 교사자격증을 딸 수가 있었다. 아마도 그때는 출산율이 높던 시절이라 교사가 부족했던 모양이다.

첫 교무발령을 총부 사무실로 받은 나는 총부에 있는 동안 우선 교사자격증을 따기로 하고, 필요한 책을 사서 틈틈이 공부를 해 나갔다. 시험은 한 해에 한 번 뿐이라서 기회를 놓치면 다시 일 년을 기다려야 했다.

드디어 시험 날짜가 다가왔다. 전라도에는 시험 기회가 없어서 대구까지 가야했다. 사무실에는 개인적인 일을 핑계로 하루 휴가를 내고 다음 날 새벽차로 다녀올 예정이었다. 그런데 새벽에 눈을 떴는데 어지럽고 머리가 아파 도저히 일어 날 수가 없는 것이다. "안되는데 안되는데~" 하며 나는 어떻게든 일어나보려고 애를 썼지만 어지러워서 몸을 가눌 수가 없었다. 그리고 결국 그날 종일 아랫목 신세를 지며 끙끙 앓아 눕기만 했다.

그렇게 시험 기회를 놓치고 일 년이 지난 다음 해, 다시 시험을 보고자 했으나 공교롭게도 그날은 총부에 큰 행사가 있어서 도저히 빠져나갈 수 없는 상황이 되고 말았다.

결국 나는 그 두 번의 기회를 놓치고 칼도 빼어보지 못한 채 그렇게 쉽게 꿈을 포기하고 말았다. 그리고 불발된 그 꿈은 내 길이 아니라고 변명하며 위안을 삼았다.

소녀와 편지

　　　　　　시골교당 윗집에는 호수처럼 맑고 큰 눈망울을 가진 소녀가 살고 있었다.

　탱자나무 울타리 사이로 난 개구멍을 통해 소녀는 늘 교당을 들락거리며 놀았고, 삐뚤빼뚤 연필로 꾹꾹 눌러쓴 편지를 매일 나에게 전해주고 갔다. 혹여 내가 없는 날은 교당 정지 문에 편지를 살짝 끼워 놓곤 했다.

　소녀의 편지 속엔 늘 아름다운 드레스를 입은 여인과 작은 아이가 색연필로 그려져 있었다. 그리고 그림 속의 여인과 아이는 사랑스러운 듯 항상 손을 꼭 잡고 있는 것이다.

　나는 문득 그림 속의 주인공이 궁금해서 누구냐고 물었다. 소녀는 질문을 기다렸다는 듯이 "울 엄마와 나예요" "엄마? 엄마는 어디 계시지?" "몰라요. 집 나갔어요. 그런데 울 엄마 참 예뻤어요." 소녀의 큰 눈망울엔 금방 이슬이 맺혔다. 나는 소녀를 꼭 껴안았다. 가슴이 먹먹했다.

　후에 엄마가 집을 나간 후 새엄마와 결혼한 아빠를 떠나서 소녀는 시골 할머니 댁에 맡겨졌다는 사연을 알았다. 그 뒤 소녀와 나는 함께 교당 청소도 하고 그림책도 보면서 친구처럼 가까워졌다. 할머니는 손녀가 교무님 귀찮게 한다고 걱정했지만 개구멍을 들락거리며 편지를 나르는 소녀의 발길은 끊이지 않았다.

어느 날 편지를 건네주던 소녀가 가만히 나를 불렀다. 그리고는 편지 속에 그려진 드레스를 입은 여인을 가리키며 "교무님은 이렇게 예쁜 옷 입으면 안 되요?" "으응? 아, 교무님들은 검정치마 흰 저고리를 입어야 하는데…" "에이 그래도 난 교무님이 이렇게 예쁜 옷을 입었으면 좋겠다!" 소녀는 못내 아쉬운 표정을 지었다.

그 후로는 소녀가 매일 예쁜 옷과 장신구로 단장한 여인을 그려놓고 그 위에 제 맘대로 "우리 교무님"이라고 쓴 편지를 놓고 가곤했다. 엄마가 그리운 소녀의 마음을 읽으며 나는 "진이 덕분에 교무님이 예쁜 옷도 입어보고 좋은데…" 하고 장단을 맞췄다.

그렇게 책상 위에 편지가 꽤 쌓여갈 즈음이었다. 소녀가 내 옆구리를 쿡쿡 찌르더니 "교무님, 교무님을 엄마라고 부르면 안 될까요?" 하고 물었다. "엄마?" "응, 엄마라고 부르고 싶어!" 나는 소녀의 질문이 당황스러웠다. 물론 진즉 소녀의 감정을 눈치 채긴 했지만 그 말에 선뜻 대답을 하지 못하고 머뭇거렸다.

삼십대 초반의 어린 교무는 '교무'라는 그 알량한 자존심에 묶여있었던 것일까?

"글쎄~ 진아, 교무님은 여러 사람들의 교무님이지?" "응" "진이의 엄마가 되면 여러 사람들의 교무님이 될 수 없을 텐데, 그래서 교무님은 그냥 교무님이라고 부르면 좋겠어…" 소녀는 "피이"하고 입을 삐죽거렸다. 그 큰 눈엔 금세 눈물이 그렁그렁 고였다. 나는 말없이 소녀를 꼭 안아주었다. 내 가슴도 촉촉하게 젖고 있었다.

 소녀가 떠난 뒤에야 나는 후회했다. 그냥 엄마라고 부르게 할 것을, 엄마가 그리운 아이의 마음을 그렇게 거절한 것이 오래도록 못내 마음 아팠다.

단잠을 깨운 방해꾼

시골 농촌교당에서 첫 단독교무 생활을 시작했다. 넓은 들녘의 변화무쌍한 품에 안긴 교당은 들판의 희뿌연 여명 속에서 늘 안개 냄새를 맡으며 하루가 시작되곤 했다. 교화자로서 꿈과 의욕이 넘치던 그 시절, 처음으로 모든 걸 혼자 꾸려나가는 단독교무의 일상은 새벽 선禪 정진부터 전천후로 바삐 뛰는 나날이었다.

일주일에 일반, 청년, 학생, 어린이 법회까지 담당하며, 3백 평이 넘는 넓은 도량 관리는 물론 걸어서 이 마을 저 마을 순교를 다니는 등 있는 힘 없는 힘 다 모아 나름 젊음을 불태웠던 것. 그러한 초발심의 열정은 참으로 순결했고 서원은 충만했으며, 두려울 것이 없었고 무엇보다 즐거웠다.

당시 올빼미 과에 속하던 나는 새벽잠이 많은 탓에 기도와 좌선시간이 끝나면 다시 이불 속으로 들어가 꿀맛 같은 한잠을 자고 나서야 하루를 시작하는 못된 버릇이 있었다. 사실 말이지 그 때 나는 좌선에 별 흥미를 느끼지 못하고 의무적으로 앉아있으려니 졸기 일쑤였다. 그래도

"새벽 좌선을 하지 않으면 아침도 먹지 말라"던 스승님의 그 추상같은 말씀이 귓전에 쟁쟁한지라 새벽시간을 지키려고 무지 노력했던 터다.

봄이 지나갈 때까지 따뜻한 아랫목과 이별하지 못한 나는 좌선시간이 끝나면 다시 이불 속에 파고들어가 새벽 단꿈을 꾸는 게으름을 부렸다.

그런데 어느 날부터 그 단잠을 깨우는 방해꾼들이 나타났다. 바로 낮의 길이가 길어지면서 햇살이 너무도 일찌감치 문안 인사를 오는 것이다. 처마 깊숙이 파고든 햇살은 얇은 창호지 방문을 통과하여 게으른 수행자의 얼굴을 눈부시게 비치며 기어코 잠을 깨우곤 했다.

또 다른 방해꾼은 참새 떼들의 합창소리다. 참새들은 왜 하필 내 방 창문너머 전깃줄에만 우루루 매달려서 그렇게 재잘대는지, 말이 합창이지 그건 "일어 나! 빨리 일어나라고!"하며 내 짜증을 부채질하는 소음이었다. "주인님 눈 좀 붙이자. 제~발 조용히 해라!" 타일러보지만 녀석들의 줄기찬 합창은 기어이 내가 이불을 박차게 만들곤 했다.

그렇게 들녘 농촌교당의 아침 햇살과 참새들은 잠꾸러기 수행자의 버릇을 차츰 바꾸어 놓았고, 동터오는 새벽, 코끝에 스미는 싸~한 안개냄새를 맡으며 마음이 충만해지는 선^{禪}의 희열을 조금씩 느끼게 되었다.

저녁 밥상

세상에 혼자 밥 먹는 일처럼 쓸쓸해지는 것이 또 있을까?

시골교당에 단독교무로 부임하여 어린이, 학생, 청년, 일반법회까지 혼자 콩 치고 팥 치며 씩씩하게 살다가도 식사시간이 되면 늘 가슴 한쪽에 서늘한 외로움이 밀려오곤 했다.

시골집을 개조한 법당 옆에 까맣게 그을음이 낀 재래식부엌과 엉거주춤 붙어있는 단칸방의 남루南樓 쯤은 오히려 수행자의 가난과 청빈의 상징으로 위로 삼으며 즐길 수 있었다.

그러나 쨍강쨍강 밥그릇에 수저 부딪치는 소리를 들으며 혼자 꾸역꾸역 밥 먹는 일 만큼은 매번 처연해졌다. 특히 해질녘의 저녁식사 시간은 왜 그리 적막하고 쓸쓸한지, 창호에 번지는 노을빛을 그냥 막연히 바라보곤 했다.

혹여 식사시간에 교도님이라도 찾아오면 가난한 밥상과는 별개로 혼자 밥 먹는 일이 마치 몰래 뭔가를 하다 들킨 것처럼 민망하고 무안해지는 것이다.

심기일전이 필요했다.

세상에서 가장 멋진 식사시간을 만들어보자고 했다.

그을음으로 까맣게 도배된 부엌은 블랙 콘셉트으로 놔둔 채, 우선 움푹 파인 아궁이 앞을 단단한 베니어합판으로 덮고 그 위에 교도님이 주신 헌 책상과 의자를 놓아 식탁으로 꾸몄다. 거기에다 장롱에서 찾아낸 자줏빛 천을 깔고 작은 병에 예쁜 풀꽃과 법당에서 쓰다 남은 작은 초를 꽂아 놓으니 제법 그럴 듯한 식탁이 되었다.

어둠이 내리면 삼십 촉 백열등 희미한 불빛을 조명 삼아 식탁엔 촛불을 밝히고, 좋아하는 음악을 틀어놓으면 내 저녁 밥상은 여느 레스토랑 부럽지 않게 아늑한 분위기로 변했다. 나는 소중한 음식을 그릇에 정갈하게 담아서 식탁에 올리고 우아하게 앉아 식사를 했다. 그것은 아마도 내가 그곳에서 누린 유일한 사치였는지도 모른다.

뭐 그렇다고 외로움이 아주 떠난 것은 아니지만 적어도 그 쓸쓸함을 기꺼이 마주하고 즐길 수 있게 된 것이다.

틀니

투병 중이던 교당 옆집 아주머니가 열반하셨다. 그는 독실한 기독교인이었지만 햇빛 좋은 날엔 종종 교당에 놀러와 함께 정담을 나누고 탱자나무 울타리 사이로 음식도 주고받으며 지내온 터였다. 저녁 무렵 고인의 아들이 어머니의 열반 소식을 전하며 교회 목사님이 출타중이라 어떻게 해야 되느냐고 의논을 해왔다. 나는 이웃 종교로서 목사님이 오실 동안 고인을 위해 기도해주고 싶다고 말했다. 가족들은 잠시 머뭇거리더니 이내 승낙을 했다.

근방에 사는 교도님들과 함께 불구를 챙겨 빈소를 찾았다. 나는 먼저 미라처럼 누워 있는 시신 앞에 속삭였다. "아주머니 목사님이 안 계셔서 제가 대신 길 안내를 해드립니다. 죽음의 세계는 네 종교 내 종교도 없으니 평소처럼 저를 그냥 편안한 이웃으로 대하시고 마음을 챙겨 부처님 말씀에 귀를 기울여보세요. 그러면 죽음에 대한 두려움도 외로움도 다 사라질 것입니다." 그리고 식순에 따라 천도독경을 올렸다. 가족들도 모두 경건하게 자리를 함께 했다.

다음날 아침 고인의 아들이 교당에 들렀다. 어젯밤 목사님과 신도들이 다녀갔는데 원불교 식으로 기도한 것을 알고 우상 숭배자에게 하느님의 기도를 드릴 수 없다며 고인의 빈소에 인사도 없이 그냥 돌아갔다는 것이다. 그 일로 어젯밤 가족들과 신도들 간에 큰소리가 난 모양이다. 새삼 종교라는 것이 뭔지 회의가 느껴지기도 했다. 오래도록 기독교인으로 살아온 고인을 생각하니 마음이 아팠다. 가족들은 교회에 실망한 나머지 결국 고인의 초종장례를 모두 원불교에 맡겼다.

2재를 앞두고 고인의 남편이 꿈 얘기를 털어놨다. 부인이 자꾸 꿈에 나타나서 "내 이빨 내놔!" 하고 외치는 바람에 며칠간 계속 잠을 설친다며 도대체 그 꿈의 메시지가 뭐냐고 물었다. 마치 교무가 꿈해몽가라도 되는 듯이 말이다.

얘기를 듣는 순간 퍼뜩 떠오르는 풍경이 있었다. 언젠가 그 집에 들렀다가 고인이 물속에 담겨진 틀니를 꺼내 끼우는 것을 본 일이 있었다. 나는 아무래도 그 틀니가 마음에 걸린다며 집에 가서 찾아보라고 말했다. 그런데 다음날 남편이 정말 틀니를 찾아가지고 온 것이다. 그리고 틀니의 처리방법을 묻기에 나는 다른 유품들과 함께 태우는 것이 좋겠다고 말했다. 그는 교무의 말을 잘도 듣고 그 물건을 곧 바로 태웠다고 한다.

어쩌면 영가는 생전의 습관대로 틀니를 끼우려고 했던 것은 아닐까? 인간의 습관과 착심이 얼마나 무섭고 질긴 것인지 새삼 모골이 송연해져서 나는 고인의 천도에 더욱 정성을 다 했다. 암튼 그 덕분인지 남편은 그 후로 다시 악몽을 꾸지 않게 되었다. 그리고 고인의 49종재를 지내고부터 남편은 교당을 다니게 되었다.

흰 고무신

조그마한 시골교당에 첫 단독교무로, 달랑 사령장 하나 들고 간 햇병아리 교화초보생인 나의 입성은 보무도 당당했다. 그 풋풋한 날들 교역의 열정만큼은 어떤 물살도 거슬러 오를 수 있을 것처럼 충천 했으니까.

부임하던 날 단칸방 숙소 앞 댓돌 위에 낡은 흰 남자고무신 한 켤레가 눈에 띄었다. 여자교무 혼자 사는 곳이라 가끔씩 교당에 호신용 신발을 놔둔다더니 아마도 그런 것이려니 했다.

며칠 후 동네에 고물장수가 나타나 "고물사요!"를 외치고 다녔다. 나는 회심의 미소를 지으며 교당 앞을 지나가는 고물장수를 불렀다. 그리고는 흰 고무신과 구멍 난 헌 양은솥을 그에게 기꺼이 내주었다. 고물장수는 내게 엿 두 가락을 내밀었다. 나는 그 엿을 매일 교당에 출근하는 옆집 기독교인 할머니와 함께 나눠 먹었다.

흰 고무신을 치우고 나니 댓돌위에 놓인 내 아담한 털신이 든든해 보였다.

부임 후 첫 일요일, 법회를 무사히 마치고 회장님과 교도들이 따끈한 유자차를 마시며 담소를 나누다 돌아가는 길이었다. 법당을 나선 회장님이 댓돌 위를 살피더니 흰 고무신이 어디 갔냐고 묻는 것이다.

"날 풀어지면 회장님이 교당에 오셔서 신고 댕기는 신발인디 어디 갔어라?"

함께 계시던 교도님이 재차 물었다. 아니 그 신발이 회장님 것이라니 이런 낭패가... 나는 선뜻 대답을 하지 못하고 머뭇머뭇 하다가 결국 "저기 회장님 것인 줄 모르고 신이 낡았기에 고물장수에게 주었는데요. 죄송합니다." 라고 고백을 했다.

회장님은 "그거 얼마 신지도 않은 것이오." 하며 몹시 불쾌한 표정으로 퉁명스럽게 직격탄을 쏘았다. 교도들은 교무와 회장을 번갈아 바라보며 "오메오메 어쩐디아!"하고 딱한 표정들을 지었다. 그러자 회장님은 핑! 하고 대문을 나가버렸다.

생각과는 달리 첫 교화현장은 그렇게 아리고 쓸쓸하게 시작되었다. 신발뿐 아니라 교당에는 회장님 물컵과, 공양 때 밥그릇도 따로 두고 있었다. 나는 회장님의 그런 특권의식이 몹시 못마땅했다. 물론 알아보지도 않고 회장님 신발을 엿 바꿔 먹은 교무가 무슨 할 말이 있냐고 반박하면 면목은 없지만, 그럼에도 그런 권위의식을 용납하기 싫었다.

젊음을 담보한 나의 그 펄펄한 의기와 자존심은 매사를 정면 돌파로 회장님과 부딪쳤고, "새로운 교무가 제멋대로"라는 소문이 돌면서 사태는 점점 악화되었다. 그러다 결국 교무인 나는 백기를 들고 회장님께 화해를 청해야만 했다. 나는 교무이니까.

내 거침없던 열정과 의기가 오만이었고 무지였음을 안 것은 오랜 뒤의 일이다. 어쩌면 교무는 그렇게 부딪혀 깨지고 절망하면서 삼세 업장을 녹이고 깊이 곰삭은 장맛이 되어 가는 것이 아니겠는가.

"너희가 교무를 알아?" 하고 외치던 선배의 말이 씁쓸하게 미소 짓게 한다.

감에 대한 애도

넓은 마당에는 커다란 감나무 한 그루가 오두막 시골교당을 지키고 있었다.

추석을 앞두고 햇살이 눈부신 가을 날, 노란 감꽃이 진 자리엔 어느덧 토실토실 살이 오른 갓 붉어진 감들이 나뭇가지가 휘어지도록 주렁주렁 매달려 익어가고 있었다.

"작년에는 몇 개 안 열드만 올 해는 뭔 새끼를 저렇게 많이 만들었디야!" 휘어질 것 같은 가지에 힘겹게 많은 새끼들을 달고 있는 감나무를 보며 교도들은 감탄을 했다. 장두감이지만 어찌나 많이 열렸는지, 제대로 다 크지도 못하고 아기 주먹만 한 것이 조랑조랑 눈부신 햇살에 반짝이는 모습은 귀엽고 사랑스러웠다.

그 날은 일요일 이었다.

오두막 법당에 교도들이 빼곡히 앉아 법회를 보는 가운데, 나는 교도들과 눈을 맞추며 한창 신나게 법을 설하고 있었다. 그때 갑자기 "뿌지직 쿵!" 하는 소리가 법당의 고요를 깨트렸다. 우리는 일제히 유리창

너머로 밖을 내다봤다.

기어코 사달이 나고 말았다. 그렇게나 많이 새끼들을 달고 안절부절하던 감나무 가지 반쪽이 결국 쭉 찢어져버리고 만 것이다.

교도들 몇 분은 벌써 밖으로 나가 "애고애고 아까와라!" 하면서 감나무의 참상을 바라봤다. 분위기를 보니 오늘 법회는 이것으로 마치고, 찢어진 감나무에 대한 애도의 시간이나 가져야겠다는 생각이 들어 나는 대충 법회를 마무리했다.

추석을 지내고 서리가 내려야 감이 맛있게 익을 텐데, 교도들은 그래도 감을 우려먹자며 찢어진 나무에서 아직 덜 익은 감을 따기 시작했다. 감을 다 따고 보니 두어 포대나 되었다. 주무님이 소주를 사오자 사람들은 감꼭지에 일일이 소주를 발라서 항아리에 차곡차곡 넣고 뜨겁게 끓인 물을 부었다. 그리고는 식당방 아랫목에 헌 이불로 돌돌 말아 꼭꼭 덮어두었다.

그렇게 찢어진 감에 대한 애도의식을 마치고, 며칠이 지났을 때 긴장된 마음으로 항아리를 열었다. 주황색 감들이 옹기종기 몸을 맞대고 물속에서 동동거렸다. 주무님은 감 하나를 꺼내더니 입으로 쓱 베어 물었다. 나는 주무님 표정을 살피며 맛이 어떠냐고 하니 "이만허면 먹어도 괜찮컷는디요!" 하셨다.

일요법회 때 우려진 감을 대중에게 공양하며 교도들은 반쪽이 된 감나무에 내년엔 거름을 많이 해주자고 약속했다.

그 해 여름

　　　　　　충남 연산교당에 근무하던 어느 해 여름, 바로 인근에 있는 도곡교당에서 출가단회가 있어 참석하게 되었다. 한 달 만에 만난 단원들은 단회를 통해 현장교화와 마음공부에 대한 정보를 나누며 교당에서 마련한 맛있는 공양으로 즐거운 시간을 보냈는데, 나는 그날 하필 토사곽란이 나서 연산에 돌아가지 못하고 도곡에서 하룻밤을 묵게 되었다. 그런데 그날 아침부터 내리던 비가 오후엔 물동이로 퍼붓듯 거세게 쏟아지더니 마침내 논산 일대가 온통 물바다가 되고 말았다.(이 기록적인 물난리는 당시 매스컴에 대대적으로 보도되었던 사건임)

　도곡교당 옆으로는 연산으로 이어지는 큰 천(연산천)이 흐르고 있어서 빗줄기가 계속되면 필시 범람을 막기 어려울 터라 점점 불어나는 연산천을 바라보니 불안하고 두려워서 저녁이 되어도 잠자리에 들 수가 없었다.

　그 저녁 도곡교당 장법주 교무와 나는 법당과 어린이집을 안팎으로 돌며 담벼락을 살피고 비가 새는 법당엔 그릇을 받쳐두며 물을 닦아내곤 했다.

　그러다 저녁 심고를 올리고 잠시 쉬는 사이에 어디선가 갑자기 "우지직 쾅!"하고 무너지는 소리가 들렸다. 우리는 밖으로 뛰어나갔다. 천변 쪽 어린이집까지 범람한 물이 마침내 교실 한 쪽 벽을 무너뜨리고, 책상이며 걸상 등 아이들 교재 교구들이 둥둥 떠내려가고 있었다. 순식간이었다. 그 허망함을 눈앞에 목격하고도 우린 속수무책이었다. 곧 교당으로도 물이 덮칠 것만 같았다. 밖으로 나와 보니 동네사람들이 마을 언덕위에서 불어나는 연산천을 살피고 있는가 하면 손전등을 켜고 높은 산 쪽으로 피신하는 사람들도 있었다.

　그 때 도곡교무가 사가로는 오라버니인 경산 장응철 교무(당시 서울교구 사무국장)에게 전화로 이 상황을 알리자, 경산 국장님은 일단 교당의 중요문서만 챙겨서 빨리 동네사람들 따라 높은 곳으로 피신을 하라고 일렀다. 우린 그제 서야 바삐 중요서류 몇 가지를 챙겨 보따리에 싸들고 어둠 속에서 동네사람들을 따라 높은 언덕으로 올라갔다. 올라가다 보니 한쪽 신발은 벗겨져 없어지고 맨발로 흙투성이가 되어있었다. 이 모든 상황이 현실이 아니고 영화 속의 한 장면이거나 꿈만 같았다.

　그사이 빗줄기가 조금씩 잦아들고, 언덕위에서 우리는 동네사람들과 함께 어둠 속에 넘실대는 연산천의 그 불가항력적인 물의 장엄한 위력을 하염없이 바라만 보고 있었다. 어느 새 천변 너머로 희뿌옇게 새벽이 밝아왔다.

　다행히 비는 그쳤지만 연산천 거센 물살에 소도 돼지도 뱀도, 그리고 온갖 살림도구며 쓰레기들이 둥둥 떠내려가고 있었다. 물살을 거슬러 뭍에 닿으려고 안간힘을 쓰던 가축들의 몸부림이 지금도 눈에 선하다.

그들을 위해 할 수 있는 것은 그저 안타까운 마음뿐 아무것도 없었다.
 다음 날, 연산교도들은 동네 천변까지 떠내려 온 도곡교당 어린이집 책상이며 걸상 등을 주워들고 교당으로 가져왔다. 아이들의 손때 묻은 그 물건들은 모두 패잔병들처럼 마당에 널브러져 있었다.

도둑과의 대화

한여름 밤 더위와 씨름하다 겨우 단잠에 빠졌다. 그런데 어렴풋이 나를 부르는 듯 한 소리가 들렸다. 잠결인지라 "응~?" 하고 몸을 뒤척이는 순간 차가운 금속성이 목에 섬뜩 닿았다.

깜짝 놀라 벌떡 일어나려는데 "그대로 가만히 엎드려!" 하고 거친 남자 목소리가 다급하게 들려왔다. 그는 어둠속에 번쩍이는 날카로운 칼을 내 목에 겨눈 채 다시 "이불 뒤집어 써!" 하고 명령을 했다. "예예!" 나는 지체 없이 얼굴까지 홑이불을 덮어썼다.

도둑이었다. 순간적으로 훔쳐 본 그는 얼굴에 스타킹을 뒤집어쓰고 칼과 손전등을 들고 있었다.

"돈은 어디에 있어?"
"캐비닛 속에..."

그의 손에 캐비닛은 너무도 쉽게 열렸다. 그는 캐비닛 속을 여기저기

샅샅이 사냥을 하며 내가 몸을 뒤척일 때마다 위협적으로 내 목에 칼을 들이대곤 했다. 숨죽이는 시간이 흐르는데 "당신 이름이 강숙원이야?" 하고 물었다. 편지봉투를 본것 같았다 비로소 이건 꿈이 아니라고, 정신을 차려야 한다고 스스로 타일렀다. 속으론 입에 침이 마르도록 법신불사은님을 부르며 매달렸다.

"여기가 뭐하는 데지?"
"원불교예요"
"원불교가 뭐하는 곳인데…?"
"한국산 불교, 원불교 몰라요?"
"…… 그럼 당신은 뭐하는 사람이야?"

"난 여기 원불교를 책임 맡고 있는 교무예요. 교회 목사나 절 주지스님과 같다구요."

아이러니하게도 그렇게 도둑과 이야기를 하면서 나는 서서히 마음의 평정을 찾을 수 있었다. 그리고 칼을 들고 위협은 해도 그가 사람을 해칠 생각은 아니라는 것을 짐작할 수 있었다.

나는 그에게 시간을 물었다. 그가 3시라고 말하며, 왜 시간을 물어보냐고 하기에 신도들이 곧 새벽기도에 나올 시간이 다 되었다고 했다. 그러니 빨리 나가는 것이 좋겠다고 했다. 그리고는 감히 그에게 왜 이런 짓을 하고 사느냐고 물었다.

그는 "용돈이 필요해서~"라고 했다.

"다 큰 사람이 노력해서 돈을 벌어야지 이런 짓해서 어쩌려고 그래요"

"돈 벌이가 쉽지 않아요." 그가 처음으로 존칭을 쓰며 대답했다.
"젊은 사람이 뭘 못할까?"
어이없게도 나는 홑이불을 뒤집어쓴 채 도둑에게 설교를 하고 있었다. 그가 "나 신고 할 거예요?" 하고 물었다.

"신고 안 할께요. 대신 여기서 가져가는 돈은 유흥비로 쓰면 절대 안되요!"
"알았어요!" "그리고 일자리 찾아 열심히 일해서 먹고 살아야지요."

도대체 도둑에게 그런 말이 가당키나 한 건지 알 수 없지만, 그는 선뜻 또 "알았어요" 하고 대답을 했다. 그리고는 용무가 끝났는지 "나 갈께요!" 하기에 나는 옆방에 교사들이 자고 있으니 조용히 나가라고 했다. 그는 "네!" 하더니 뒷문으로 급히 빠져나갔다.

그가 사라지는 모습이 창문에 비쳤다. 나는 비로소 온 몸에 힘이 빠지면서 사시나무처럼 떨리기 시작했다. 몸을 가눌 수가 없어서 방구석에 웅크리고 주저앉았다. 사람을 불러야 하는데 앙다문 입이 떨어지지가 않았다. 그러자 마침내 희뿌연 새벽을 깨우며 교회 종소리가 "땡땡땡~" 힘차게 울렸다.

나는 문을 박차고 나가 복도의 불을 켜며 "박선생 이선생!" 하고 유치원 교사들을 소리쳐 불렀다. 내 옆방에 있어야 할 그들이 이층에서 눈을 비비며 내려왔다. 날씨가 너무 더워서 이층으로 올라가 잤다는 것이다. 교사들 방 역시 책상이며 장롱속의 물건들이 어지럽게 널브러져 있었다. 청년회비며 아이들의 보육비 등 현금은 모조리 거둬간 것이다.

아침이 되어 교도회장님께 사실을 알렸다. 회장님은 경찰에 신고해야 된다고 말했지만 나는 도둑과의 약속도 약속이라며 신고를 원치 않았다. 쟝발쟌이 떠오르기도 했다.

그날 오전 9시 쯤 한 통의 전화가 걸려왔다. "저~ 죄송합니다. 어젯밤…" 나는 직감으로 그가 도둑인 것을 알았다. "죄송하면 됐어요. 다신 그런 짓 하지 말고 열심히 노력해서 살아야 해요!" 하고 전화기를 놓았다.

죄송하다는 전화를 한 것은 일말의 양심이 있었기 때문일까? 생각하면 그래도 고마운 도둑이다. 그 섬뜩한 칼날이 충분히 내 목숨을 앗아가거나 행패를 부릴 수도 있었는데 돈만 가져갔으니 말이다.

세상만사 새옹지마라고, 그날 이후 문단속에 더 신경을 쓰며 언제나 든든한 나의 수호신 법신불사은님과 더욱 친밀해 질 수 있었다.

된장이 왜 거기 있어?

　　　　　　　　남녘땅 녹차밭이 유명한 보성으로 발령을 받아 부임하게 되었다. 사진으로만 본 바닷가 산비탈에 푸른 초원처럼 펼쳐진 녹차밭을 그리며, 그곳에서 가꾸어 갈 꿈을 안고 상객上客으로 나선 후배의 차량에 몸을 실었다.

　주암댐을 끼고 산길 물길을 꼬불꼬불 수 십리 돌아돌아 마침내 남도 깊숙이 자리 한 보성 땅에 이르는 동안 지나가는 곳마다 그림처럼 펼쳐지는 산과 강과 들녘, 그리고 바다의 물빛은 남도가 예향藝鄕의 고장임을 그대로 말해주었다.

　남도의 풍경에 감탄하며 교당에 도착하니 인자하신 교무님과 어머니 같은 교도들이 반갑게 맞아주었다. 그들의 푸근한 모습과 잔칫집처럼 시끌벅적 쉴 새 없이 쏟아져 나오는 거칠고 투박한 사투리가 긴장감을 녹여주며 자꾸 웃음 짓게 했다. 뜻도 알 수 없는 진한 남도 사투리가 오지게 재미있고 정겨웠다.

　나는 그곳에 발령을 받고서야 조정래 작가의 소설 《태백산맥》을 읽었다. 소설의 주 무대가 보성, 벌교인 만큼 적어도 이 책을 읽고 가는 것이 남도에 대한 예의라고 생각했다. 그 때 소설 속의 사투리가 당최 무슨 말인지 몰라서 사전을 찾아가며 읽었는데, 그 말이 그대로 교도들 입에서 질펀하게 쏟아져 나오는 것이 신기하기만 했다. 남도 사투리는 소설 속에 갇힌 죽은 언어가 아니고 여전히 남도인의 혼으로 살아 있는 삶의 언어라는 것을 짐작할 수 있었다.

그렇게 왁자지껄한 가운데 새 교무 환영만찬이 차려졌다. 상다리가 휘게 가지가지 차려진 밥상에는 내가 좋아하는 나물반찬들이 즐비했고, 꼬막 고장인 만큼 푸짐한 꼬막과 붉은 피가 낭자한 커다란 피조개 한 접시가 상 가운데 떡 모셔져 있었다. 교도들은 피조개가 빈혈에 좋은 것이라며 먹어보라고 적극 권했지만 아쉽게도 나는 거기에 손을 대지 못했다. 그런데 또 눈에 띈 것은 하얀 종지에 듬뿍 담긴 누런색 음식이다. 유심히 살펴보니 그것은 양념이 안 된 생된장이었다.

"저 된장은 뭘 찍어먹으라는 것이지?" 나는 후배에게 귓속말을 건네며 밥상을 둘러보았지만 딱히 된장과 함께 먹을 것은 없었다. 그 때 한 교도님이 된장을 가리키며 "이 된장 좀 잡숴봐요. 우리교무님이 담았당게라! 구수하고 참 맛있어라!"

그제야 된장이 왜 거기 있는가를 짐작할 수 있었다.

밥상위에 당당히 올려 진 그 생된장은 지난 6년간 어려운 여건 속에서 법당신축과 교화의 텃밭을 일구신 교무에 대한 존경과 이별을 아쉬워하는 교도들의 마음이 담긴 것이었다.

나는 맨입으로 생된장을 찍어먹으며, 떠나시는 분의 향기가 내게도 이어지기를 염원했다.

지네와의 동침

산꼭대기 동네에 있는 시골교당에 갓 부임을 했다. 한밤중에 벌에 쏘인 것처럼 갑자기 발가락에 심한 통증을 느껴 잠이 깼다. 전등을 켜고 통증부위를 살펴보니 바늘구멍만 한 자국이 보였다.

순간 교당에 지네가 많이 나오니 조심하라던 전임 교무의 말이 생각났다. 수상쩍은 기미를 느낀 나는 황급히 이불을 들추다 "으악!" 하고 소리를 지르고 말았다. 흰 요위에 한 뼘 남짓 큰 지네 한 마리가 꿈틀거리고 있었다. 보기만 해도 경기가 나는 그 존재가 감히 내 이부자리에서 동침을 한 것이다. 온 몸에 소름이 쫙 돋았다.

아무리 사생일신이라지만 지네나 뱀은 끔찍해서 도무지 엮이고 싶지 않은 존재들이다. 나는 급히 옆에 있던 에프킬러를 "치익 치이익" 하고 뿌려댔다. 그런데도 지네는 죽지 않고 요 밑으로 바삐 도망가고 있었다. 나는 덜덜 떨리는 손으로 마침 책상 위에 놓인 큰 국어사전을 지네 위에 탁 덮고 꾹꾹 눌러버렸다. 잔인하지만 두려움에 어쩔 수 없었다. 지네는 분명 무거운 국어사전에 눌려 압사했을 터였다. 그래도 그날 밤

나는 잠을 설치고 말았다.

이튿 날 아침 조심스럽게 국어사전을 들춰보니 거기 여전히 혐오스런 지네가 축 늘어져 있다. 나는 부랴부랴 집게로 지네를 집어다 멀리 담장 밖에 버리고서 안도의 숨을 내쉬었다.

그날 교도님이 오셨다. 간 밤 이야기를 꺼내며, 지네가 나오지 못하게 할 방도를 물었다. 교도님은 "아이고 교무님 어쩐다요. 지네는 옛날부터 암수가 같이 댕기는디. 그래서 한 마리가 죽으면 또 한 마리가 나타나서 복수를 한다는디요." 하고 잔뜩 겁을 주는 것이다. "그럼 어떡해야 되죠?" "어떡하긴 뭘 어떡해요. 시골서는 모다들 지네랑 같이 사는디요." 교도는 겁먹은 내 표정이 재미있다는 듯 익살스럽게 싱글거렸다. 그러면서 "잘 들을랑가는 몰라도 장판 밑으로 뺑뺑이 소금을 뿌려 봐요. 절에서도 그렇게 한답디다."

나는 그 당장 왕소금 한 바가지를 퍼다 장판 밑에 뿌리며 "지네 너 이제 나하고 동침은 절대 안 돼!" 하고 으름장을 놓았다.

그런데 며칠 후, 한 지인이 방문하여 건넌방에서 잠을 자다가 자지러지게 고함을 질렀다. 급히 달려가 보니 그가 목을 감싼 채 고통스러워하고 있었다. 지인도 당한 것이다. 지네는 그의 목에 침구멍을 낸 후 벽을 타고 삼십육계 줄행랑을 치고 있었다.

나는 지난번 지네를 잔인하게 죽인 것이 못내 마음에 걸렸던 터라, 교도님 말대로 짝꿍이 정말 복수하려고 나타난 것인가 싶으니 온 몸에 소름이 돋았다. 그래서 두려웠지만 마음을 다잡으며 이번에는 살생을 하지 않으려고 도망가는 지네를 집게로 잽싸게 집어서 담 밖으로 내다 버렸다.

다행히 나도 지인도 한참동안 쏘는 듯한 아픔은 있었지만 지네의 독은 타지 않았다.

먹이사슬의 사이클로 보면 그들 또한 우리의 생존과 연결된 은혜로운 존재일 것이다. 그러니 교도님 말대로 지네도 함께 살아가야 하는 이웃이 분명하다. 그렇지만 나는 지네와의 동침은 다시 하고 싶지 않았다.

마이크 시험 중

　　　　　　산골마을에 하루가 멀다 하고 함박눈이 펑펑 쏟아져 내렸다. 마을 꼭대기에 있는 교당은 연일 눈 속에 파묻혀 적막했다. 그런 날은 며칠이고 교당에 인기척이 뜸하곤 한다. 새벽이면 나는 이웃집 아저씨가 만들어준 눈가래를 들고 동네입구까지 한바탕 길을 내고서야 법당에 앉는다. 그리고는 기진맥진하여 좌선복을 휘감은 채 고꾸라져 잠선^{沈禪}에 들기 일쑤였다.

　그래서 폭설이 내리는 날은 '닥터지바고'의 낭만도, '강아지왈츠'의 꿈도 다 사라지고 "오 법신불이시여, 제발 이 눈을 멈추게 하소서!"라고 기도만 간절해진다.

　지독한 폭설과 씨름 하고서 드디어 올 것이 온 듯 나는 심한 고열과 몸살감기로 앓아눕고 말았다. 약을 먹었지만 별 차도가 없었다. 텅 빈 방에 홀로 누워 손가락 하나 까딱할 힘도 없이 깊은 잠속으로 빠져들었다. 가끔씩 바람의 기척과, 작은 창으로 햇살 한 줌이 찾아와 내 싸늘한 얼굴을 어루만져주다 가곤 했다.

약기운 때문인지 자꾸 몽환적인 꿈을 꾸었다. 고구려 무덤 속 벽화에 나오는 용과 새와 활 쏘는 무사들이 일제히 일어나 나에게 달려들었다. 나는 두려워서 헛소리를 지르다 잠이 깨곤 했다. 그 때마다 벌컥벌컥 맹물을 들이키고는 다시 혼몽에 빠졌다.

며칠 만에야 겨우 정신이 들었다. 홀로 고비를 넘기고 살아있음이 왠지 눈물 나게 가여웠다. 꼼짝없이 앓아누운 날은 이내 쓸쓸해지고, 어느 다정한 목소리가 한없이 그리워지기도 한다.

슬그머니 전화통에 눈길이 머물렀다. 그러고 보니 말을 안 한지가 벌써 며칠이 지났다. 불현듯 아무에게라도 말을 건네고 싶어졌다. 그사이 거의 사용하지 못한 내 마이크^목 성능은 건재한지도 궁금했다.

나는 물 한 모금으로 입을 축인 후 허공을 향해 "아아, 아아 마이크 시험 중! 마이크 시험 중! 하나 둘 셋" 하고 목소리를 높였다. "오 예!" 다행이 내 마이크는 아직 성능이 그런대로 괜찮은 것 같았다. 약간의 애기가랑잎 굴러가는 소리가 들리긴 했지만~. 그리고 전화기 버튼을 눌렀다. 그에게로…

내 텃밭에 은하수를 뿌려놓았네

　시골생활에서 여름날 풀과의 전쟁은 피할 수 없는 일상이다. 마당이며 텃밭은 물론 앞뜰 뒤뜰 할 것 없이 끈질기게 자라고 또 자라는 잡초들 앞에서는 인간의 자만도 결국 무릎을 꿇지 않을 수 없다. 앞뜰의 잡초를 다 뽑았는가 하면 어느 새 뒤뜰이 수북해지고 뒤뜰을 뽑다보면 또 다시 앞뜰은 풀숲이 되니, 그 질긴 생명력 앞에서 누가 감히 자만할 수 있다는 말인가?

　그래서 특히 여름이면 텃밭에 심어놓은 채소를 제외한 풀들을 나의 적敵으로 규정해 놓고 호미 끝으로 사정없이 초토화시키니, 그들의 입장에서 보면 억울하기 그지없는 일이다. 그들 또한 모두 생명을 부여받은 신성한 존재로 열심히 그 사명을 다 해 살아갈 뿐인데 인간들이 저 살겠다고 짓밟고 뽑아버리니 어찌 억울하지 않을까.

　그래도 나는 가끔 풀들에게 큰 소리를 치곤 한다. "너희들 내 집 울타리에 들어온 걸 감사한 줄 알아라! 난 그래도 최소한 제초제와 농약은 뿌리지 않는 착한 이웃이니까 말이야" 하긴 그들도 내 자비스런 아량을 알긴 아는지 때론 그악스럽던 성장을 멈추고 머쓱한 표정으로 담벼락 밑에 웅크리고 있기도 한다.

어찌됐든 우린 그런 처지인데 그 풀들이 나를 감동시켜 아예 텃밭 한쪽을 그들의 천국으로 전세 내어주고 말았다.

사연인 즉은 그들과 싸우다 지친 내가 호미를 내팽개치고 교무훈련을 다녀온 사이에 앞 뒤 텃밭은 물론 마당까지도 푸른 초원으로 변해버린 것이다. 그런데 노을이 질 무렵 뒷마당을 둘러보니 텃밭에 상추 쑥갓은 어디로 가고 초록풀잎 사이로 하얀 꽃무리들이 은하수처럼 뿌려져 있지 않은가. 수줍은 듯 작고 여린 얼굴로 내게 눈인사를 건네는 하얀 꽃들은 바로 개망초 꽃이었다. 담배잎 모양의 풀이 어느새 멀쑥한 꽃대궁을 올리고 하얀 은하수를 뿌려놓은 것이다.

이 땅 어디에서나 지천으로 피어나는 망초 꽃, 그 순결의 작은 꽃망울을 보는 순간 나는 내 텃밭을 그들에게 아낌없이 내어주기로 했다. 그 곁에서 옹기종기 피어난 한숨 같은 이름 모를 풀꽃들도 모두가 사랑스럽다. 저마다 최선을 다 해 존재의 의미를 꽃피우는 그들의 생명이 가엾고도 아름답다

그 날 이후 그들은 나의 적이 아니라 친구가 되었다. 존재에 대한 동질감을 넘어서서 나는 그들의 질긴 생명력의 습성을 한 수 배우며 내 텃밭의 주인공으로 그들을 초대했다.

그 해 늦여름 내 텃밭은 수고를 들이지 않고도 하얀 꽃무리가 은하수를 뿌려놓은 아름다운 정원이 되었다. 나 또한 호미를 버려 둔 채 잡초처럼 무위의 계절을 보내며 행복했다. 올해도 길가에 지천인 망초 꽃 너머로 여름이 가고 있다.

앗 기름!

　　　　　　남도의 작은 교당에 근무할 때다. 익산 총부에 행사가 있어서 왔다가 동생이 구입해준 소형 중고차를 인계받아 교당으로 돌아가던 날이다.

　동생은 내게 차를 인계하며 기름을 미처 넣지 못했으니 장거리 가려면 먼저 주유부터 하라고 일러주었다. 나는 알았다고, 찰떡 같이 대답을 하고서 비록 중고품이지만 새 차가 생겼다는 기쁨에 신이 나서 덜렁대며 익산 시내를 한 바퀴 돌아 남도로 내려가기 위해 고속도로로 접어들었다.

　새 차라서 그런지 전에 몰던 낡은 차보다 훨씬 잘 달리는 것 같았다. 나는 기본주행속도에 조금 더 속도를 내며 신나게 달렸다. 그렇게 약 40여분을 달렸을까? 갑자기 차가 멈출 듯 이상신호가 감지되었다. 나는 순간 "앗 기름!" 하고 그제서야 기름 넣는 걸 깜빡 잊었음을 알았다. 계기판을 바라보니 경고등이 켜진지 이미 오래인 것 같았다. 머릿속이 하얘지는 느낌이었다.

고속도로 위를 쌩쌩 달리는 수많은 차량들 속에서 어찌해야할지 막막하던 나는 일단 차를 도로 갓길에 세웠다. 그리고 지도를 살펴보니 휴게소까지는 20여분을 더 가야 되는 거리였다. 당시엔 휴대전화도 없던 때라 오도 가도 못하는 처지가 된 나는 발만 동동 구르다가 차 밖으로 나가 누군가에게 도움을 청해보기로 했다.

차에서 내려 갓길에 선 나는 검정치마 흰 저고리를 휘날리며 지나가는 차들을 향해 무조건 손을 흔들었다. 체면이고 뭐고 중요하지 않았다. 구세주가 나타나기만을 기다리며 얼마 동안 손을 흔들어대던 내 앞에 마침내 차 한 대가 멈춰 섰다.

그리고 차에서 한 신사 아저씨가 내렸다. "기름이 떨어 졌지 예?" 내 처지를 단박에 눈치 챈 그분은 위험신호를 알리는 삼각대와 기름주유기가 있느냐고 물었다. 나는 차를 구입하고 이제 막 타보는 중이라 그런 걸 준비 못했다고 변명 아닌 변명을 했다. 아저씨는 위험하다며 자기 차 트렁크에서 얼른 삼각대를 꺼내더니 내 차 옆에 세우고, "주유기가 있으면 제 차의 기름을 좀 넣으려고 했는데~, 휴게소까지 가는 기름만 있으면 되는데 아쉽네 예."

그리고 아저씨는 내게 "교무님이시죠? 저도 교도라 예" "제가 주유소에 가서 기름을 실어 보낼 테니께네 잠시만 기다리이소!" 하며 안심을 시켜주었다.

나는 속으로 "휴 살았다!"를 몇 번이나 외치며, 그야말로 구세주나 다름없는 그분께 감사의 인사를 올리고 또 올렸다. 수많은 차들이 다 무심하게 쌩쌩 지나가는 막막한 곳에서 교도님을 만나다니, 이렇게 운수 좋은 날이 또 있을까 싶었다.

약속을 하고 교도님이 떠나신 후 나는 고속도로 너머 들길을 바라보며 기름이 오기를 애타게 기다렸다. 일각이 여삼추 같았다. 교당까지는 아직도 두어 시간을 더 가야되는데 날이 저물면 어쩌나? 하는 생각에 불안하고 초조했지만 애써 마음을 추스르며 눈이 아프도록 들길을 바라보고 또 바라봤다.

그 때 저 멀리서 오토바이 한 대가 들길을 달려오고 있었다. 나는 눈을 크게 뜨고 오토바이 뒤쪽에 기름통이 실려 있는지를 먼저 살펴보았다. 거기엔 하얀 플라스틱 통이 매달려 있었다. 나는 혼자 손뼉을 치며 함박웃음을 웃었다.

꼬불꼬불 들길을 따라 타타타타! 통통통통! 요란하게 달려오는 오토바이 소리가 그렇게 신나고 정겨울 수가 없었다. 오토바이 아저씨는 차에 주유를 하며, 배달시킨 분이 기름 값을 지불했다고 한다.

경황이 없어 미처 그분의 성함도 연락처도 어느 교당 교도인지도 묻지 못했는데 너무 큰 은혜를 입은 것이다. 나는 교도님께 깊은 감사와 축복의 기도를 올리며, 교무라는 이름으로 더 많이 보은하고 잘 살아야겠다고 다짐했다.

IV
교무는 나의 운명

오 법신불사은이시여!

　도반들과 함께 중국 여행에 나섰다. 우리 일행은 북경의 자금성 등을 돌아 달나라에서도 보인다는 만리장성을 구경하기 위해 케이블카를 타고 정상에 올랐다. 지구상에서 가장 큰 인공구조물인 만리장성은 중국을 대표하는 문화유적답게 그 규모가 참으로 장대했다. 우리들은 그 위용에 압도당하며 연신 감탄사를 터트리곤 했다.
　관광을 마치고 하산하기 위해 다시 케이블카에 몸을 실었다. 다행히 케이블카는 우리 일행만을 태우고 서서히 내려가기 시작했다. 우리는 케이블카 창문너머로 점점 멀어져 가는 만리장성의 위용을 다시 바라보며 하산의 아쉬움을 달래고 있었다.
　그때 케이블카가 천 길 낭떠러지 위에서 갑자기 툭 하고 멈추더니 꼼짝도 하지 않는 것이다. 고장이 난 것이다. 우리는 전기선에 매달린 채 허공에 떠있는 케이블카 박스에 갇힌 몸이 되었다. 당시 중국의 관광시설이나 여건은 열악한 편이어서 케이블카 탑승에 대해서도 일말의 불안감이 있었는데, 아니나 다를까 그 불안감이 현실로 나타나고 말았다.

우리는 만리장성에 대한 감동도 잊은 채 놀란 토끼들 마냥 휘둥그레진 눈으로 불안한 마음을 쓰다듬으며 아무 힘도 없는 케이블카 손잡이만 꽉 잡고 있었다. 그리고는 어느 순간 다 함께 "오 법신불 사은이시여!"하고 기도의 노래를 부르기 시작했다. 그런데 한 소절이 끝나자마자 모두가 약속이나 한 듯이 갑자기 노래를 뚝 멈춘 것이다. "왜지?" "오 마이 갓!" 노래의 다음 가사가 "참 열반에 들도록 위력을 내리소서!"가 아닌가!

우리가 부른 성가는 열반을 위한 기도송 이었던 것. 엉겁결에 "오 법신불사은이시여!"가 튀어나오긴 했지만 다음 소절이 "참 열반에 들도록 위력을 내리소서!" 하고 이어지니 그만 모두가 동시에 노래를 뚝 멈춘 것이다. 그렇게 뒤 소절을 이어 부르지 못한 우리는 서로를 바라보며 "아직 열반에 들기는 싫은 것이지?" "지금 보니 우리들 생사해탈은 아직 멀었네!" 하고 일제히 배꼽을 쥐며 웃음보를 터트리고 말았다.

웃고 나니 긴장과 두려움이 조금 풀리고 차분하게 기다리는 동안 문제 해결이 되었는지 케이블카는 언제 그랬냐는 듯이 다시 서서히 내려가기 시작했다.

그 강물에 몸을 적셨다.

내 안에서 일어나는 욕망과 미혹은 끝이 없었다. 그것은 어디에서 근원하여 그토록 끈질기게 샘솟는 것일까? 도무지 나의 정체성을 알 수가 없었고, 내가 가고 있는 길에 대한 확신도, 삶에 대한 그 어떤 자신감도 없었다.

그렇게 존재의 미로에서 헤매던 나는 급기야 인도로 떠났다.

내 방황의 끝에 왜 인도가 있었는지는 알 수 없었다. 다만 나는 그곳에서, 그곳 히말라야의 계곡이나 갠지스 강 어디쯤에서 철저하게 사라져버리고 싶었다. 그것이야말로 내 존재와 운명에 대한 복수요 단호한 거부의 몸짓이라고 생각했다. 나는 영원히 돌아오지 않는 귀환 불능자가 되고 싶었던 것이다. 그러나 "길이 시작되자 여행은 이미 끝났다"고 했던가! 나를 찾아 떠난 인도여행은 그곳에 도착하자마자 이미 끝나버렸다. 인도의 거리가, 인도의 삶이, 인도의 모든 존재가 그걸 깨닫게 했다. 길거리 여기저기에서 손을 내밀며 구걸하는 거지는 자칭 타칭 모두 우리의 자비심과 깨달음을 이끌어주는 붓다의 화신이었다.

도시의 한복판 대로에서 고급승용차인 벤츠와 더불어 버젓이 당당하게 활보하고 있는 소달구지며 인력거, 그리고 개와 소 같은 짐승들까지 모든 존재가, 과거와 현재가, 문명과 무위가 혼재된 채 천연덕스럽게 공존하고 있는 그 거리는 내게 희망이자 절망으로, 절망이자 희망으로 다가왔다. 그 거리에서 삶과 죽음, 부처와 중생, 선과 악, 과거와 미래 등… 세상의 모든 이분법은 무의미했다. 모든 존재는 그냥 그 자체로 당당했고 아름다운 화엄법계였다.

내가 그렇게 집착하던 욕망도, 그렇게 버리고자했던 운명도 에고도 또 하나의 '나'로 거기에 당당히 존재하고 있을 뿐이었다. 물과 파도처럼 그렇게. 갠지스 강가에 주저앉아 종일토록 바라본 풍경들은 도대체 삶과 죽음이 아무것도 아니게 했다. 하늘을 향해 검은 연기를 토해내며 타오르는 시신들의 다비와, 타다 남은 그 시신이 떠다니는 갠지스 강의 성수에 몸을 적시며 신을 찬양하고 가호를 기원하는 이들에게 이미 삶과 죽음의 경계는 없었다. 삶이 곧 죽음이고, 죽음이 곧 삶이었다. 영원이 찰라요, 찰라가 곧 영원에 닿아있었다.

나도 그 강물에 몸을 적셨다. 가장 더러운 물이 가장 신성하고 맑은 성수였다. 더러움과 깨끗함의 경계는 사라졌다. 나는 없었다. 그토록 놓을 수 없었던 욕망도, 분노도, 미망의 헛것도 이미 없었다. 모든 존재는 무화無化 됨으로써 명료해진다. '번뇌는 보리'요, '보리는 곧 번뇌'다. 깨달음은 내 안에 있었고, 그곳을 향한 갈망은 곧 내가 발 딛고 있는 이곳에서 완성되는 것이었다. 나는 부지런히 짐을 챙겼다. 그리고 뭄바이를 떠나던 날 나는 울었다. 그것은 희열이고 그리움이고 또한 아쉬움이었다. 지금 여기에 현존하는 나, 때로는 양심으로 기쁨으로 만족으로, 때로는 고뇌로 절망으로 분노로 내 안에 존재하는 그를 그대로 사랑한다.

첫 취재의 추억

　　　　　　　　난데없이 월간원광사에 인사발령이 떨어졌다. 글을 쓴다거나 취재를 해본 경험도 없는데 배워서 하면 된다는 말씀에 겨~우 용기를 내어 본 것이다. 그러니 그 속마음은 얼마나 긴장되고 중압감을 느꼈을까. 문외한인 나를 그곳에 보낸 걸 보면 그쪽 방향에 전문 인력이 부족했던 것 일게다. 나는 입사하던 날부터 사장님께 취재하는 법과 글 쓰고, 사진 찍고, 잡지 편집 등의 기술을 속성으로 배우며 과연 해낼 수 있을까 하는 걱정도 했지만 또 한편은 생동감 있는 그 일들이 재미있기도 했다. 그리고 세 달간의 수습기자 기간을 거쳐서 드디어 정식으로 취재를 하고 사진과 원고를 정리하여 내 이름으로 교도님 인터뷰기사를 원광에 선보이게 되었다.

　첫 취재 현장은 청주교당 교도님의 신앙생활에 대한 인터뷰였다. 나는 사장님께 속성으로 배운 신앙인의 인터뷰 방식을 주지하고 청주교당을 찾아가 교도님을 만났다. 교도님의 얘기를 듣고 질문을 하는 동안 깊은 감동과 더불어 나를 돌아보는 시간을 가지며, 앞으로 그러한 취재가 재미있을 것 같았다.

취재를 무사히 마치고 돌아왔다. 이제 바로 원고를 정리해서 편집에 넘겨야 할 일이 남았다. 그런데 원고를 정리해야 할 그날 아침부터 현기증이 너무 심한 나머지 도저히 일어 날 수가 없어서 사무실에 출근도 하지 못했다. 약을 사다 먹었지만 2~3일이 지나도 어지러움은 더 심해지기만 했다.

나는 보은원 숙소에 있을 수가 없어서 병가를 내고 가까이 동창이 근무하는 교당에서 안정을 취하기로 했다. 동창언니의 보살핌 속에서 치료를 하고 있는데 부득부득 원고를 넘겨야 할 날은 다가오고 병은 차도가 없었다. 세상이 빙빙 돌아 토하며 안절부절 하고 있는데, 드디어 빨리 원고를 보내라는 편집장의 전화가 왔다. 올 것이 왔다고 생각은 했지만 독촉하는 편집장이 괜히 원망스러웠다. 그러나 어쩌랴. 내가 취재한 것이니 달리 어떤 대안도 없는 터였다. 당시엔 컴퓨터도 없고 원고지에 손글씨를 쓰던 시대라, 교당에 근무 중인 간사를 불러 대필을 부탁 했다. 나는 방에 누운 채로 취재 노트를 보아가며 입으로 내용을 말하면 간사가 받아 적으면서 어찌어찌 겨우 원고정리를 마치고 사무실에 보낼 수 있었다. 그 뒤 다행히 병이 호전되어서 교정을 보는 동안 부족한 부분은 다시 정리하여 오케이를 놓을 수 있었다.

많이 부끄러운 첫 취재기사에도 불구하고 사장님은 긴장한 내게 그렇게 하면 되는 것이라고 격려해주었다. 비록 호된 신고식을 치루긴 했지만 취재를 하고 기사를 써서 원광을 만드는 일은 재미있고 보람도 있었다. 그 바닥에 겁 없이 발을 들여놓긴 했지만 어쩌면 그 재미와 보람이 있었기에 그곳에서 12년을 보낼 수 있지 않았을까.

교무는 나의 운명

자신의 정체성에 대한 혼돈과 교무로서의 삶에 회의를 느끼고 있었다. 남이 갓 쓰고 장에 가니 나도 거기에 편승하여 그저 이 길을 떠밀려가고 있는 느낌이었다. 그즈음 한참 중증의 중근기병을 앓고 있었나보다.

휴가를 단행했다. 배낭을 꾸리고 편한 복장으로 혼자 무작정 길을 떠났다. '껍데기는 가라!' 고, 나는 교무라는 직함마저 놓아버리기로 했다. 아무것도 걸치지 않은 맨몸으로 자신과 맞닥트려 진정한 대화를 하고 싶었다.

발길 닿는 대로 떠돌다 머문 곳은 석양 무렵의 어느 작은 동해 바닷가였다. 철지난 쓸쓸한 해수욕장에 이내 어둠이 내리고 거리에 하나 둘 불이 켜졌다. 민박을 할 요량으로 여기저기 두리번거렸지만 보이는 것은 횟집뿐이었다. 갑자기 얼마 전 신문에 보도된 회칼 살인사건이 생각나 두려움이 밀려왔다.

다급히 평해로 가는 막차를 타고 백암온천으로 빠져나왔다. 사람들로 술렁대는 온천장 거리엔 네온사인이 불야성을 이루고, 그 익명의 도시는 내게 구세주처럼 반가웠다. 민박을 찾기 위해 거리를 어슬렁거리는데 한 아주머니가 다가와 말을 걸었다.

"민박 찾습니꺼?" "네" "좋은 곳을 안내 해드릴께예" "저는 밝고 조용한 방이 필요한데요?" "따라와 보이소" 나는 그를 따라나섰다. 그런데 조금 후에 골목길로 들어서는 것이다. 나는 불안한 마음에 어디로 가느냐고 물었다. "실은 저기 우리 집이 있는데 방도 따시고 잘만 합니더" 나는 잠시 걸음을 멈추고 그를 살펴보았다. 내 경계심을 느꼈는지 그는 "다른 곳으로 갈까예?" 하고 물었다. 그러나 불빛사이로 훔쳐 본 아주머니는 내게 해코지 할 사람은 아닌 듯싶었다. 그의 집으로 가자고 했다. 그는 밝은 목소리로 "우리 아저씨는 안계시고예, 시어무니와 딸이 함께 삽니더." "마침 우리 어무이는 오늘 생신이라고 딸네가 모셔 갔어 예, 우리 딸도 어디 가고 없다 아입니껴. 딸 방에서 주무시소. 불 키면 방이 금방 따시집니더."

나는 아주머니를 따라 그의 집으로 향했다. 그리고 그가 안내해주는 딸 방으로 들어서는 순간 깜짝 놀라 뒤로 움찔 물러서고 말았다. 맞은편 벽에 원불교 달력이 떡 허니 걸려 있지 뭔가. 책상위에는《원불교교전》과 박청수교무의 책《기다렸던 사람들처럼》이 꽂혀있었다.

"아 아주머니 저 달력은 어디서 구했어요?" "와 예? 내가 다니는 절거라 예!" "어머 원불교 다니세요?" 도둑이 제발에 저린 듯 내 입에선 불쑥 그렇게 튀어나왔다. 그때 아주머니가 "혹시 교무님 아입니껴?" 하고 묻는 것이다. "예? 예~ 맞아요." "하이고 우째 세상사람 같지 않더만도~!" 아니 내 얼굴에 원불교 교무라고 써 있기라도 한단 말인가.

당황한 나는 빨개진 얼굴로 이실직고하고 말았다. 그는 평해에서 30분 거리에 있는 후포교당 교도였다. 고등학생인 딸은 총부 신성회 훈련에 갔다니 신심 깊은 교도가 분명했다.(그 지역에 교당이 있다는 것을 미처 몰랐다)

 교당도 드문 타지에서 이렇게 극적으로 교도를 만나 하룻밤 공짜 유숙과 찰밥에 미역국까지 맛있는 식사 대접은 물론, 온천욕과 다음 행선지 여비까지 챙겨주는 성의를 뿌리치지 못했으니 민폐가 이만저만 아니었다. 물론 한사코 거절하는 숙박비를 몰래 책상위에 놓고 나오긴 했지만, 단지 교무라는 이유만으로 생판 낯선 사람에게 융숭한 대접을 해준 교도님의 은혜는 평생 잊을 수 없다.

 그 날 이후 교무는 피할 수 없는 나의 운명인 것을 확신하고, 다시 서원을 챙기며 재 출가의 다짐을 할 수 있었다.

아버지의 작별인사

오후 4시쯤 직원들과 원광 편집회의를 하는 도중 핸드폰이 울렸다. 요양원에 계신 아버지의 전화였다.

"네 아버지, 왜 전화하셨어요?
"응~ 그냥 보고 싶어서 했다"
"그래요? 아버지 제가 내일 모래 갈게요. 지금은 회의 중이니 별 일 없으면 전화 끊을게요."
"그러냐? …" 뭔가 할 말이 남아있는 듯 머뭇거리시는 아버지께 나는
"뭐 드시고 싶은 것은 없어요?" 하니 "아니 없다"
"그럼 아버지 나중에 가서 뵐께요!" "알았다"

그것이 아버지와의 마지막 대화인줄도 모르고 나는 바쁘다는 핑계로 그렇게 아버지의 전화를 끊고 말았다.
아버지의 열반 소식을 받은 것은 이튿 날 새벽이었다. 믿어지지 않았

다. 거동이 어려워 몇 달간 요양원에 계셨지만 의식은 맑고 사리 분별도 이상 없으셨기에 아버지의 열반은 생각지도 못했던 일이다.

통화 중에도 아버지의 목소리는 아무런 이별의 징후가 없었다. 그런데 어찌 홀로 그렇게 열반에 드신 걸까? 요양원에서 조차 아버지의 죽음을 새벽녘에야 발견한 것 같았다. 그 먼 길을 아버지는 그리도 외롭게 떠나셨다.

지난번 뵈었을 때 머리를 스님처럼 완전 빡빡 밀고 계시던 아버지의 모습이 참 맑고 아름다우셔서 나는 아버지께

"울 아버지 빡빡이 머리 하시니 영판 부처님이네!"하고 칭찬을 해드렸는데, 아버지는 그런 내 말에 활짝 웃으며 손으로 멋쩍게 머리를 만지셨다.

내게 전화를 하시던 그날 그 시간 즈음, 아버지의 핸드폰에 찍힌 발신번호들은 모두 가족을 향해있었다. 아버지는 엄마와 동생들에게도 다 전화를 하셨던 것이다. 그것이 아버지의 작별인사였던걸 우린 아무도 몰랐다. 무릎 수술 후 회복중인 엄마에게는 조리 잘하라 이르시고, 동생들에는 내게 말씀하신 것처럼 그냥 보고 싶어서 했다고. 그러나 동생들 역시도 조만간 찾아뵙겠다며 아버지의 전화를 끊었단다. 자식들은 모두 저 사는 일에 바빠 그렇게 아무도 아버지와의 이별을 예측하지 못하고, 아버지는 자식들에 대한 그리움을 안은 채 홀로 먼 길을 떠나셨다

"효도하고 싶어도 부모는 기다려주지 않는다."는 말이 조금도 틀리지 않았다. 언제나 우리 곁에 계실 것처럼 부모님에 대한 사랑과 감사의 표현을 늘 미루기만 해온 내 불효가 못내 아프고 씻을 수 없는 회한으로 남는다. 아버지가 몹시 그립다.

엄마의 룸메이트

　　　　　　　요양보호사의 도움을 받으며 아파트에서 홀로 지내시던 엄마가 요양원으로 가시겠다고 결단을 내렸다. 자식들은 어쩔 수 없이 엄마의 뜻에 따르기로 했지만 마음은 한없이 죄송하고 아팠다.
　엄마는 결심이 선 후 곧바로 살림을 정리하고 요양원으로 들어가셨다. 엄마가 집을 떠나시던 날 엄마의 온기로 가득했던 우리의 안식처도 사라져버렸다. "엄마, 저 왔어요!"하며 머리 두르고 달려 갈 곳이 없어져 버린 것이다. 슬픔이 깊이 밀려오고 또 밀려왔다.
　엄마의 요양원 룸메이트는 연세가 백 살이신 할머니로 정해졌다.
　나이가 많은 분이라 엄마와 대화가 잘 안통하면 어쩌나 하고 걱정했는데, 의외로 엄마는 그분을 좋아하셨다. 엄마와 20년 나이 차이에도 불구하고 할머니는 신문이나 책을 보시며 기억력도 좋아서 말이 잘 통한다고 하셨다.
　직원들은 엄마가 룸메이트 할머니의 손을 잡고 함께 원내를 걷기도 하고, 맛있는 것도 챙겨드리며 모녀처럼 다정하게 지낸다고 했다. 엄마는 어쩌면 그분이 돌아가신 당신의 엄마처럼 느껴졌던 것일까?

사실 자식들은 엄마가 요양원 생활에 적응하지 못하실까봐 내심 걱정을 많이 했었다. 그러나 엄마는 찾아뵐 때마다 항상 방긋방긋 웃으며 룸메이트 할머니와 그간 있었던 얘기를 전해주시곤 했다. 엄마의 모습은 한결 밝고 편안해지셨다. 그 모습 너머로 나는 지난 날 홀로 계시던 엄마의 깊은 외로움이 느껴져서 속울음을 삼키곤 했다.

그러나 엄마가 얻은 모처럼의 평안과 룸메이트와의 인연을 시샘이라도 한 듯, 엄마는 요양원생활 4개월 만에 갑자기 폐렴으로 열반을 하셨다.

감기인 줄 알고 병원에 모셨는데, 입원 2주 만에 엄마는 너무도 허망하게 우리 곁을 떠나가셨다. 연세가 많은 룸메이트 할머니가 먼저 떠나시면 엄마의 상심이 클까봐 지레 걱정했는데, 엄마는 그분을 놔두고 오히려 당신이 먼저 가신 것이다.

후일 엄마의 룸메이트 할머니는 3년 후 103세에 열반하셨다는 소식을 들었다. 엄마는 룸메이트 할머니를 다시 만나셨을까? 두 분이 손잡고 함박 웃으며 쉬엄쉬엄 걸으시던 모습이 눈에 선하다.

아름다운 도형씨

　　　　　　　　작은 시골 교당에 부임하며 교역의 마지막 임기를 보내던 12월이었다. 어눌한 말씨의 한 청년으로부터 잠시 후 교당을 방문하겠다는 전화를 받았다. 그는 자신을 "전도형"이라고 소개하며 일년에 한번 씩 교당을 찾는 교도라고 했다. 그가 온다는 전화를 받고 나는 창문 너머로 대문 쪽을 주시하고 있었다.

　얼마 후 택시 한 대가 교당 앞에 멈춰 섰다. 그리고는 한 젊은 청년이 도우미의 부축을 받으며 차에서 내리더니 곧 도우미를 물리치고 법당을 향해 뒤뚱뒤뚱 한 발 한 발 어렵게 발을 옮기고 있었다. 도형씨였다. 장애를 가졌지만 미소 띤 그의 볼은 마치 소년처럼 해맑아 보였다.

　나는 바삐 달려 나가 그의 손을 잡으며 부축하여 돕고자했다. 그러자 도형씨는 "교무님 제가 한 번 혼자 걸어 볼게요!"하며 방긋 웃었다. 나는 민망한 듯 얼른 손을 놓고 "네 그래요!"하고 물러섰다. 장애가 심한 그를 처음 본 나는 그래도 그의 발걸음에서 계속 눈을 떼지 못하고 조금은 불안한 마음으로 그를 지켜보았다.

추운 날씨에 그가 법당까지 걸어 들어오는 시간이 꽤나 걸렸지만 드디어 그는 자기 힘으로 뭔가를 해낸 어린아이처럼 흐뭇한 표정을 지으며 불단 앞에 섰다. 그리고 꽁꽁 언 손으로 주머니에서 꼬깃꼬깃한 봉투를 꺼내 불전에 올린 후 향을 사루고 합장하며 4배를 올렸다. 온전히 서 있기도 힘겨워 보이지만 불전을 향해 경배하는 그의 뒷모습은 간절하고 숙연했다. 그 간절함은 무엇을 담고 있을까? 문득 두 손 합장한 내 마음도 간절해졌다.

이윽고 불단을 내려온 그가 또 하나의 봉투를 내게 내밀며, "교무님 이거는 작지만 어려운 사람들을 위해 써주세요!"하는 것이다. 그는 "교무님 저는 원불교 법문 중에 '모두가 은혜입니다'가 참 좋아요! 돌아보면 은혜 아닌 것이 하나도 없어요! 늘 감사하고 있어요!" 하고 환하게 미소를 지었다.

순간 가슴이 먹먹해졌다. 그가 하늘처럼 맑아 보이는 이유를 알았다. 나는 그 정성에 깊이 고마워하며, 꼭 필요한 곳에 잘 전달하겠다고 응답했다.

그의 간절한 기도가 가슴으로 느껴졌다. 그의 기도는 자신의 안위를 위한 것이 아니고, 은혜로운 세상을 향한 감사와 찬양의 기도요 이웃의 행복을 염원하는 사랑의 기도였다는 것을!

몸은 비록 장애가 있지만 그의 영혼은 그대로가 보살인 사람! 아름다운 청년 도형씨, 그를 떠올리면 괜스레 내 영혼도 맑아지곤 한다.

잔인하십니다!

아직 60도 안된 교도님의 아들이 열반했다는 소식을 듣는 순간 나도 모르게 법신불을 향해 "정말 잔인하십니다!"하고 외치고 말았다. 자식을 앞세워 보낸 노모에겐 그 어떤 말도 위로가 될 수 없을 터다. 교무인 나는 그저 넋을 잃은 교도님을 가슴으로 깊게 안아 드릴 뿐이었다.

참으로 따뜻하고 인자하신 그분이 몇 년 전엔 효부며느리를 잃었고, 연이어 아들을 앞세워 보내야 하다니, 누군가 정말 우리의 운명을 주재하는 분이 따로 있다면 그분에게 "이러는 게 아니죠. 이건 너무 잔인한 일"이라고 대놓고 대들고 싶었다.

교도의 아픔은 교무의 아픔이요, 교도의 기쁨 또한 교무의 기쁨인 것을 교화 현장에서 수없이 체험하고 느끼며 울고 웃지만 그 희비의 강도는 겪을수록 더 깊고 선명해진다.

업연의 이치를 모르지 않지만, 주변에서 이런 일을 당하면 참으로 안타깝고, 어딘가, 누군가를 향해 원망을 하며 욕이라도 퍼붓고 싶어지는 심정이다.

자식을 잃고서 그 억울함과 분노로 하느님께 사랑의 하느님이 어찌 그러실 수 있느냐고, 그런 분이 어떻게 하느님이냐고 고래고래 욕설을 퍼부었다는 작가 박완서의 고백처럼 말이다.

오래 전 사고로 졸지에 동생을 잃고 그 작가처럼 울부짖던 일이 내 심연에서 다시 뜨거운 피로 솟구친다. 어쩌면 그래서 기독교적인 신神은 인간에게 필요한 존재인지도 모른다. 인생이 억울할 때 욕하고 원망할 곳이 있으니까. 이럴 때 인과의 법칙은 너무 피할 수가 없어서 절망적일 때가 있다. 책임을 전가하며 원망할 대상이 없지 않은가?

그러나 어이하랴! 이 잔인하고 지독한 형벌의 아픔은 전지전능한 신도 대신할 수 없는 불가항력인 것을. 내가 엮은 매듭은 오직 나 스스로 풀 수밖에 없는 인과의 원리! 그것이 우주의 법칙이기에. 그래서 그 법칙은 무심하고 불인不仁한 존재라고 하지 않던가. 또 그러기에 어디에도 치우침 없는 지공무사하고 호리도 틀림없는 공정한 법칙일 것이다.

제 손으로 제 발등을 찧고 처절하게 울부짖는 우리를 진리는 그저 연민의 눈으로 지켜볼 뿐이다. 고통을 딛고 그 이치를 깨달아서 꼬인 매듭을 풀어가야 하는 것은 오직 자신의 몫인 것이다. 그러기에 고독하고 외롭지만 이 법칙이야말로 가장 공정하고 합리적인 진리가 아닌가!

신이 우리의 운명을 주재한다면 절대 그렇게 잔인할 수 없을 테니까.

변산의 바람

　　　　　　　산골에서 나고 자랐기 때문일까? 산 곁에 살면서도 나는 늘 산을 보면 가슴이 설레곤 했다. 곁에 있어도 늘 그리운 사람처럼 산은 내 그리움의 메타포였다. 변산성지에서 6년을 그렇게 보냈다.

　혹여 먼 길이라도 다녀오는 날은 부안을 지나 내변산 산길로 접어드는 동안에도 빨리 그곳에 당도하고 싶을 만큼 그리움이 밀려오곤 했다. 산길을 돌아오는 내내 나는 차창을 활짝 열고 바람을 맘껏 들여 마시며 콧노래를 흥얼거렸다. 변산구곡을 돌아 제법성지의 기운을 몰고 불어오는 그 산골바람은 참 달고 시원했다. 도시의 소음과 매연으로 인한 두통과 멀미도 그 바람이 코끝에 닿는 순간 언제 그랬냐는 듯 사라지고 가슴이 뻥 뚫려 시원해졌다.

　하루가 다르게 변화무쌍한 변산의 골짜기에서 나는 그 바람과 숨바꼭질하며 영혼의 허기를 달래고 고독함을 위로 받을 수 있었다. "나를 키운 건 8할이 바람이었다."는 미당 서정주 시인의 말은 곧 나의 고백이기도 했다.

  안주하지 못하고 흔들리며 떠돌던 내 영혼의 바람기를 변산의 맑은 바람은 이 길 위의 여행을 기꺼이 즐길 수 있도록 나를 키워준 것이다.

5백 만 원의 비밀

　　　　　　변산 제법성지 원광선원 책임자로 부임하고 보니, 선원의 현실은 녹록치 않았다. 근근이 이어가는 유지운영의 문제도 있지만, 더욱 아쉬운 것은 성지 곁에서 머물고 싶어 하는 순례객의 숙소가 없었다. 쓸 수 있는 건물은 낡고 허름한 법당과 생활관뿐이라 훈련이나 순례객의 숙소 마련이 과제였다.

　이러한 사정을 총부 성지사업회에 알리고 마침내 새 법당과 순례객 숙소를 신축하기로 결정했다. 건축비를 걱정하는 내게 사람들은 "사심 없이 하면 불사佛事는 반듯이 이루어진다."며 내 미지근한 마음에 불을 지피곤 했다.

　사실 그동안 불사라는 이름으로 무모하게 버거운 일을 벌이는 도반들을 보면 누구보다 못마땅하게 생각한 장본인이 나였다. 그런데 내가 그 무모한 일을 해야 할 처지가 된 것이다. 선원의 여건 상 숙소동 불사는 많은 용기와 인내가 필요한 일이 아닐 수 없었다.

　〈제법성지 원광선원 기와불사〉라는 이름으로 천일기도와 함께 무모한 첫 발을 떼었다. 하루 이틀 사흘… 기도가 진행되면서 불사에 대한 나의 심지도 점점 단단해져 갔다. 무엇보다 기도를 통해 법신불 전에 단독자로 마주하게 된 기쁨이 내 안에 점점 감동으로 차올랐다. 천일기도, 그 길 위의 여행을 시작하고부터 나는 참으로 행복하고 충만했다.

불사 통장에도 조금 씩 성금이 모이기 시작했다. 오고 가는 순례객은 물론 소식을 듣고 소중한 정재를 기꺼이 보내주는 재가·출가 많은 분들의 정성은 내게 한줄기 빛이 되었고 불사에 대한 희망과 확신을 갖게 해주었다.

빈 통장에 천 여 만원의 성금이 모아졌을 때였다. 한 선진께서 다른 불사에 힘을 보태면 일이 더 잘 되는 수가 있다며, 모인 성금의 반을 먼저 전북교구청 불사에 희사하면 좋겠다고 제안하셨다.

나는 뜻밖의 제안에 선뜻 대답을 하지 못하고 저울질하며 고민을 해야 했다. 선원의 어려운 처지에 집착하고 있었기 때문이다. 그러나 다음날 새벽 기도 중에 불현듯 "그 돈 없다고 이 불사가 안될 일 없어!" 하는 소리가 가슴 안에서 울려나왔다. 내 좁은 생각과 집착을 그제서야 알아차린 것이다. 그리고 그날 나는 5백 만 원을 교구로 송금해주었다.

눈앞의 자기 일에만 집착하지 않고 널리 교단을 보는 안목을 갖게 해준 그 선진의 혜안은 옳았다. 그 후 선원 불사는 숙소동과 법당 신축까지 경제적으로 큰 어려움 없이 원만히 마칠 수 있었다.

무모하게 시작한 원광선원 불사의 비밀은 바로 그 5백 만 원의 기적이라는 것을 나는 믿고 있다.

공칠이가 따로 없지

숲속에 나지막이 묻힌 낡은 건물 원광선원엔 연로하신 가타원 진타원님이 텃밭을 가꾸며 살림을 꾸려가고 있었다. 나는 변산의 깊고 고즈넉한 산골풍경과 남루하지만 편안함이 느껴지던 원광선원이 따뜻하고 포근했다. 왠지 기억 속의 아련한 고향집처럼, 그리고 내 등을 토닥이던 할머니의 까슬까슬한 정겨운 손길처럼 다가왔다.

가타원님은 "일도 안 해본 사람이 산골에서 어찌 살라고 왔어?" 하셨지만 당시 그 노동의 무게쯤은 두렵지 않았다.

원광선원의 박힌 돌로 살아오신 가타원 진타원님과 나는 그렇게 한집살이를 하게 되고, 두 분은 소위 원장이랍시고 굴러들어온 나의 좌충우돌 허둥대는 모습까지도 흔연스레 감싸주며 일머리를 챙겨주시곤 했다.

내가 머물던 낡고 기울어진 작은 법당 방은 겨울에 실내온도가 10도 이상 올라가지 않았고, 밤마다 천정에서 쥐들이 달리기 대회를 하느라 요란했지만, 나는 그 자발적 선택을 후회하거나 한 번도 아쉬워 해본 적은 없다.

어디 외출이라도 다녀오는 날엔 돌아오는 발걸음이 가볍고 빨라지며 신이 났더랬다. 그때마다 나는 대종경 인과품18장의 공칠이가 떠올라 "공칠이가 따로 없군!"하고 깔깔거렸다. 넉넉하고 여건이 좋은 일터도 많지만 내겐 누추하고 불편한 산골짜기 원광선원이 더 편안하고 행복했기 때문이다.

평생을 하섬과 그 골짜기의 붙박이 별이셨던 가타원 진타원님은 나보다 더 찐한 그곳의 사랑꾼이요 자발적 공칠이었다.

두 분은 "어디를 가든 얼른 오고 자퍼! 아무리 좋은 디가 있어도 여그가 젤로 편혀! 공칠이가 따로 없당게" 그러면 "저도 저도 그래요!" 하고 맞장구를 치곤했다.

어디를 가든 우린 그리운 이라도 두고 온 듯 늘 발걸음을 재촉하며 그 골짜기로 되짚어오곤 했다. 그렇게 원광선원의 공칠이로 살았다. 인연이 다 할 때까지.

멧돼지 일가족

선원 식당일을 하는 하심씨와 나는 원광선원 주변의 들로 산으로, 봄이면 고사리 꺾고 나물도 캐고, 가을엔 산초며 도토리 줍고 돼지감자를 캐러 휘젓고 다니곤 했다.

그날도 우린 아침을 먹고 야생 돼지감자 군락지로 향했다. 천연 인슐린이 함유된 돼지감자로 순례객들의 반찬도 하고 썰어 말려서 차도 만들기 위해서다. 목적지에 거의 도착 할 즈음 우린 깜짝 놀라서 살금살금 뒤로 도망치듯 뽕나무 밭에 숨어버렸다.

우리보다 먼저 온 멧돼지 다섯 마리가 돼지감자를 파먹고 있는 것을 목격했기 때문이다. 놀랍고 두려웠으나 호기심이 발동하여 뽕나무 밭에 숨어서 그들을 지켜보았다. 돼지들은 큰 것 두 마리에 새끼 세 마리인 걸 보니 아마도 일가족이 내려온 모양인데, 그 덩치 큰 다섯 마리가 휘젓고 가면 감자밭은 초토화 되고 우리가 캘 것도 없을 거라고 생각했다.

주둥이로 마구 땅을 파헤치며 한참을 파먹더니 배가 불렀는지 돼지들은 어느 새 줄줄이 산으로 올라가고 있었다. 그들이 사라지는걸 보고서야 우리는 감자밭으로 다가갔다. 쑥대밭이 됐을 거라고 생각했던 감자밭은 의외로 몇 군데만 파헤쳐지고 그 주변으로는 여기저기 감자가 나뒹굴고 있었다.

짐승들은 앞에 먹이가 아무리 많아도 배가 부르면 더 이상 먹지 않는다더니 정말 그런가보다. 우리는 따로 캘 것도 없이 그들이 파헤쳐 논 곳을 호미로 살살 긁어 감자를 주워 담으니 얼추 한 소쿠리는 되는지라 더 욕심 부리지 않고 흙을 덮고 내려왔다.

마냥 평화롭기만 할 것 같은 이 산골에서 종종 모든 생명들이 저마다 먹고 살기 위해 치열한 생존경쟁을 하고 있는 것을 보면 참 아이러니하게 느껴진다. 결국 이 산골도 생명들의 삶의 터전인 것이다. 생태계의 약육강식과 먹이사슬은 피할 수 없는 자연의 법칙인 것을 깨닫곤 한다.

그러기에 만물의 영장인 인간은 산을 의지해서 살아가는 뭇 생명들의 일용할 양식을 너무 탐하지 않고 그들에게도 조금씩 양보하며 공존하는 양심을 가져야 되는데, 남김없이 다 따고 다 캐 가는 인간의 욕망은 끝이 없다.

돼지감자도 조금만 캐고, 도토리도 다람쥐와 나눠 먹으며, 고라니와 산까치를 위해 콩은 몇 알 더 심어야겠는데, 막상 심어 놓은 곡물들을 그들이 파먹으면 또 속이 상하고 만다.

아 그랬는가?

　　　　　　　원광선원 원장 발령을 받은 후 나는 부임을 앞두고 원로원에서 정양 중이시던 범산 이공전 종사를 찾아뵈었다. 제법성지의 산 증인이신 범산종사께 그곳의 역사와 숨은 이야기를 생생하게 듣고 싶었기 때문이다.

　범산님은 당시 건강이 별로 좋지 않았지만 기억력은 여전히 생생하셨다. 나는 과일과 시봉금을 조금 올리며 자초지종 말씀을 드리고 제법성지와 원광선원 역사에 대해 여쭈었다. 범산님은 여전히 맛깔스런 입담으로 하섬에 계시면서 풀 속에 묻힌 제법성지를 찾아 표지석을 세우고, 원광선원을 매입하던 과정부터 그 역사를 재미있고 소상하게 말씀해주셨다. 나는 그 아름다운 이야기들을 기억하며 기쁜 마음으로 부임할 수 있었다.

　그 뒤 원광선원 신축 기와불사 등으로 바쁜 나날을 보내고 있을 때, 범산, 백산, 이산, 선산 원로 스승님들께서 방문하셨다. 차에서 세 분이 내려 마당으로 들어오시는데 이산 박정훈 종사가 빙그레 웃으며 "아

원장 차에 가봐!" "예?" "아 범산님이 차에서 안 내리겠다고 하시네."
"어머 무슨 일인데요?" "나도 모르지, 이 집 원장이 범산님 하고 그럴 사이가 아닌데 소리도 없이 부임했다며?" 그제야 상황을 눈치 챈 나는 "아이쿠 잊으셨나보네!" 하고서 급히 입구에 세워진 차량으로 달려갔다. 출입문은 열려있는데 범산님은 차 안쪽 의자에 멀거니 앉아계셨다.

나는 "범산종사님! 인사드립니다. 어서 내려오세요." 했더니 범산님은 마치 응석부리는 어린아이처럼 "안 내릴라네!" 하셨다. "범산종사님! 작년에 제가 이곳에 부임하면서 찾아뵙고 인사도 드렸는데요. 그때 종사님께서 제법성지와 원광선원 일화도 많이 얘기해주셨잖아요!" 그 말에 범산님은 얼른 "아 그랬는가!" 하고 활짝 웃으며 차에서 성큼 내리셨다. 나는 웃음이 나와서 입을 틀어막고 킥킥거렸다.

이제는 나도 내 기억력을 장담할 수 없는 때가 되었다. 그리고 어른들의 마음을 조금씩 알아가게 된다.

별밤지기

　　　　　　　변산의 밤하늘은 별빛이 유난히 맑고 밝다. 아마
도 숲이 깊어서 일테다. 순례객들이 없는 날은 저녁을 먹고 나면 으레
법당 툇마루에 걸터앉아 별바라기가 되곤 했다.
　사방이 온통 산으로 에워 쌓인 골짜기의 밤하늘은 검푸른 쪽빛이 하
도 깊어서 나는 마치 동화 속 주인공처럼 그 검푸른 바다의 영롱한 별
빛 사이를 유영하며 멍때리기로 초저녁을 보내곤 했다.
　특히 여름에서 가을로 가는 계절은 춥지도 덥지도 않아 밤하늘 멍때
리기에 더없이 좋은 시간이다. 피안彼岸의 눈빛 같은 북두칠성과 은하수
를 망연히 바라보곤 했다. 그러면 어느 새 마음은 분별이 사라지고 무
념 속으로 깊어져 간다.
　또 심심해지면 마루에 큰대자로 누워 처마 끝 너머로 겹겹이 물결을
이룬 산 능선의 실루엣을 느릿느릿 따라가 본다. 그저 그렇게 능선을
따라가다 보면 홀연히 무심의 적멸 속에 묻힌다. 바라보는 것만으로 내
가 산이 되고 내가 별이 되는 순간의 황홀함이 있었다.

그 별밤지기의 나날은 내가 변산에서 누리던 최고의 안거였다. 종종 거기 숲속에 묻어둔 별밤지기의 적멸이 그리워진다.

산골의 무법자

　　　　　　　원광선원 텃밭에 밤새 또 멧돼지가 다녀갔다. 지난가을 고구마 밭을 마구 파헤쳐 놓더니 이번엔 어린 유채밭을 무참히 짓밟아 놓았다. 지금 한창 파란 잎이 아기 손바닥만큼 예쁘게 자라고 있는데 참변을 당한 것이다.

　이 산골엔 심술쟁이 무법자들이 제법 많이 살고 있다. 까치와 고라니, 그리고 힘 센 멧돼지가 그들이다. 특히 멧돼지는 그 묵중한 몸으로 작물을 다 짓밟아놓곤 한다. 게다가 머리는 또 어찌나 좋던지 키 큰 옥수숫대를 쓰러트려서 열매를 다 먹어 치우기도 한다. 물론 이것은 어디까지나 인간의 입장에서 본 것이지, 그들의 입장에서는 인간이야말로 가장 고약한 무법자요 심술쟁이 인지도 모른다.

　얼마 전 산 밑에 자란 야생 돼지감자를 동네 사람이 포클레인으로 어린 것 까지 모조리 다 캐갔다는 얘길 들었다. 당뇨에 좋다고 소문이 난 뒤로는 야생 돼지감자 씨가 마른다는 것이 빈말이 아닌 모양이다.

　산골에서 돼지감자는 멧돼지의 주식이다. 그런 것을 포클레인으로 몽땅 다 캐 가면 그들의 먹이가 하루아침에 사라지는 것이다. 그러니 멧돼지들이 우리 밭을 넘보는 것은 당연할 터. 그래서 지난 가을 고구마를 파먹던 곳으로 다시 내려와 애먼 유채 밭만 파헤쳐 논 것이다.

  그렇게 멧돼지들을 심술쟁이로 만든 것은 결국 인간이다. 짐승들은 배가 부르면 더 이상 먹지 않는다는데 인간은 그들처럼 만족할 줄 모르고 끝없이 탐닉하며 결국 먹이사슬을 교란시켜 자연의 생태계를 무너뜨리고 있다.

  천지간에 모든 생명들이 서로 없어서는 살 수 없는 은혜와 상생의 관계인 것을 우리의 끝없는 욕망은 상극과 죽임의 관계로 만들고 있는 것이다.

뱀의 눈빛

　　　　　　　　원광선원 일대는 지네와 뱀이 참 많은 곳이다. 그곳에 뱀이 많은 이유는 내변산 일대가 바위와 돌이 많기 때문이라고 한다. 특히 치명적인 독을 가진 독사들이 종종 출몰하여 놀란 적도 한 두 번이 아니다. 그래서 그 동네 사람들은 독사를 죽이는 것은 사람 하나 살리는 일이라며 독사가 나오면 지체 없이 죽여야한다고 했다. 독사도 무섭지만 그걸 죽인다는 것은 더욱 무서운 일이었다.
　내가 제일 싫어하는 지네와 뱀이라니~, 그러나 어쩌랴. 나는 그곳에 간 이상 그들과도 조우하며 살아야 할 판이었다.
　법당을 신축하기 전 낡은 옛 법당 방을 숙소로 거처하는 동안 나는 오다가다 자주 뱀을 만나곤 했다. 특히 비가 온 뒤에는 내 방 처마 밑 시멘트 바닥 위에 60센티가 넘어 보이는 구렁이가 길고 흉측한 몸뚱이를 축 늘어뜨린 채 햇볕 바라기를 하고 있는 것을 보면 나는 기겁을 하고 소리를 지르곤 했다.
　그런 내게 가타원님은 거기서 사는 놈이니 몸을 말린 뒤에는 다시 제 집으로 들어간다며 걱정 말라고 하셨지만 그녀석이 거기에 살고 있다는 소식이야말로 더 소름끼치는 일이었다. 나는 그 흉측한 녀석에게 "제발 제~발 내 눈에 띄지 말아줘!" 하고 사정했지만 녀석은 비가 오고 나면 종종 나와서 그렇게 일광욕을 하며 내 명^{命}을 단축시키곤 했다.

어쨌든 그 녀석과 내가 살고 있는 낡은 법당 토방 앞에는 돌기둥 하나가 약간 기울어진 채 서 있었다. 그 돌기둥 위에는 다시 돌로 조각된 작은 부처님 한 분이 모셔져 있는데, 오래 전에 범산님께서 어디선가 모셔온 불상^{佛像}이라고 한다.

어느 날 마루 끝에 앉아 멍때리고 있던 내가 문득 그 돌기둥의 불상을 유심히 바라보고 있자니 그날따라 기둥이 한쪽으로 더 갸우뚱하게 기울어져 보였다. 아마도 오래된 토방이다 보니 지반이 약해져서 틈새가 벌어지며 점점 기우는 것이라고 생각했다. 나는 돌기둥이 쓰러질까 봐 걱정이 되어 벌어진 틈새에 받쳐둘 요량으로 돌덩이 몇 개를 주어왔다. 그리고는 돌이 틈새로 들어 갈 수 있는지를 가늠하느라 엉덩이를 들고 그 구멍을 들여다본 순간 소스라치게 놀라며 "엄마야!" 소리를 지르고 냅다 줄행랑을 쳤다.

컴컴한 구멍 속에서 나와 눈이 딱 마주친 것은 바로 시커먼 뱀의 번뜩이는 눈빛이었다. 그 순간 뱀도 놀랐는지 교활한 혀를 날름거리며 움직이지도 않고 숨죽인 듯 가만히 있었다. 덩치로 봐서는 일광욕을 즐기던 그녀석이 분명해보였다. 내 고함소리를 듣고 달려 나온 가타원님은 나를 놀리기라도 하듯이 "내가 거그 산다고 혔잖어! 집 지키는 업^{業}잉게 그런 줄 알어!" 하셨다.

그 후 새법당 신축을 앞두고 낡은 집을 허물어야 할 시간이 왔다. 나는 그 전전날부터 기도를 하며 법당 주변에 깃들어 사는 모든 생명에게 부디 멀리멀리 얼른 떠나라고 몇 번이나 당부를 했다. 특히 그 구렁이에게는 더 간절하게 부탁을 했다.

드디어 법당신축을 고하는 기도식을 올리고 포코레인 작업이 시작되었다. 17평 낡은 목조 와가는 육중한 포코레인이 벽을 몇 번 툭툭 치니 "푸석!" 하고 그냥 힘없이 주저앉고 말았다. 그 순간 왠지 뱀의 눈빛이 떠올랐다. 나는 혼잣말로 "분명 잘 떠났겠지?" 하고 중얼거렸다. 포코레인 쇠손이 토방을 여지없이 허물고 땅을 파헤치기 시작했다. 그의 집도 나의 숙소도 그렇게 사라져갔다.

산 곁에서 산이 그립다

　　　　　　진종일 산을 바라본다. 아니 바라보지 않아도 사방을 에워싼 산은 어느 새 내게로 다가와 느긋이 서 있곤 한다. 아무리 거센 장맛비가 내려도 산은 그 비를 맞으며 꼼짝도 않고 내 곁을 지킨다.

　누군가가 곁에 있음이 이렇게 좋은 것 인줄 미처 몰랐다. 새벽 잠에서 깨어나 창문을 열면 뿌연 물안개 속에서 이슬을 털고 일어서는 산들의 나직한 기척이 가슴을 설레게 한다. 오늘도 변함없이 그가 내 곁에 있음에 감사드린다.

　이곳으로 온 후, 산이 있어 내 존재의 나날들이 한결 충만해졌다. 그 곁에 있으면 어머니의 모태처럼 마냥 편안하고 아늑해지는 이 느낌은 어디에 근원한 것일까? 그리하여 날 에워싼 저 산들이 단절이 아닌 그리움의 대상이곤 한다. 겹겹이 물결을 이룬 저 부드러운 능선들은 아직도 여전히 나를 꿈꾸게 한다. "그대가 곁에 있어도 나는 그대가 그립다"고 노래한 시인처럼, 나 또한 산이 곁에 있어도 늘 그 산이 그리워 가슴이 애틋해진다.

바람에 흔들리는 숲에서는 벌써 서늘한 가을 냄새가 난다. 오동보랏빛 꽃잎이 지던 날 숲은 많이 뒤척였다. 그리고 그 향기가 떠난 자리에는 지금 씨앗이 잉태되고 있다. 존재한다는 것은 그렇게 "나 아닌 것들의 배경이 되는"일인가 보다.

절정의 삼복더위 속에서 서늘한 음(陰)이 잉태되는 자연의 섭리를 이미 감지하고 있는 듯 요즘 생명의 몸짓들이 부쩍 치열해지고 있다. 여름해가 암만 길어도 그들에겐 시간이 얼마 남지 않았기 때문이다. 부지런히 영양분을 길어 올려 씨앗을 준비하고 떠날 차비를 해야 하니까. 생명의 법칙은 그렇게 자기의 기꺼운 헌신과 소멸을 통해 거듭나는 일이며, 아름다운 역설이다.

산과 함께 하루가 시작되고 하루가 저무는 이곳에서 그 생성과 소멸의 질서에 귀를 기울이며 백척간두에 서서 욕망의 끈을 버리고 비상을 꿈꾼다. 자연은 늘 우리가 더 가벼워져야 더 충만하게 존재하는 법을 말해 준다.

혹여 생의 벼랑 끝 같은 날들이 오면 지체 없이 산으로 오라. 산은 절망의 끝이 얼마나 평화로운 것인가를, 그리하여 그 깊은 절망이 곧 길인 것을 보여 줄 것이다.

산의 일부가 되어 산처럼 깊어지고 싶은 날이다.

신기한 자취

　　　　　　내변산은 예부터 '수행자의 산'이라고 할 만큼 많은 수행자들이 도를 닦으며 마음공부를 한 곳이다. 그런 기운 때문일까? 그동안 안일하게 살아온 내게 변산은 선禪에 심취하며 선열의 기쁨을 느끼게 한 곳이기도 하다.

　'어디나 선방禪房'이긴 하지만, '내변산의 연꽃 터'인 원광선원은 특별히 선정禪定이 잘 되는 명당이었던 걸까?

　오래 호흡기 질환을 앓았던 나는 병을 핑계 삼아 호흡조절이 잘 안 된다는 이유로 선 시간을 의무적으로 마지못해 때우곤 했었다. 그러던 것이 원광선원에 온 후로는 새벽 시간은 물론 법당에 앉는 시간이 즐거워졌다. 특히 겨울 3개월 간 눈 속에 묻혀 지내던 나날은 온통 가슴 벅찬 희열과 마치 한 깨달음이라도 얻은 듯 홀로 충만해지는 시간이었다. 법당에 좌정하면 애써 일심을 챙기려고 노력하지 않아도 마음은 한 점 파도도 없이 성성적적하게 깊어지곤 했다.

　어느 날은 내 이마에서 여러 가지 황홀한 빛깔의 오오라가 열리곤 했다. 짙고 선명한 보랏빛, 오렌지 빛, 깊은 블루, 초록빛, 황금빛, 언어로 표현 할 수 없는 아름다운 빛깔이 양 눈썹 사이에서 자꾸 빛나는 것이다. 그리고 때론 그 찬란한 빛 속에 내가 쌓여있기도 하는 것이다. 그 빛깔들은 번개처럼 잠시 나타났다가 사라지기도 하고, 어느 때는 그 빛이 사라지지 않고 오래도록 빛나곤 했다. 나는 그 신비롭고 아름다운 빛깔을 몇 번이나 물감으로 풀어내고자 했지만 도무지 표현할 수가 없었다.

상상이나 혼몽한 상태는 아니고 분명히 의식은 또렷이 깨어 있었다. 처음엔 그런 상황이 당황스러워서 고개를 좌우로 흔들며 다시 마음을 챙겨보곤 했다. 그러면서도 한편으론 마치 내가 한 경지라도 터득한 듯 우쭐한 마음이 없지 않았다.

그러다 어느 순간부터 그 빛을 좇아 집착하고 있는 나를 발견하게 되었다. 빛이 보이지 않으면 나도 모르게 그 빛들이 나타나기를 기다리는 것이다. 그 빛에 심취해 있던 나는 꽤 시간이 지나고서야 〈정전〉 좌선법에 하신 말씀을 다시 숙지하며 그것이 미혹인 것을 알아차릴 수 있었다.

"좌선을 하는 가운데 절대로 이상한 기틀과 신기한 자취를 구하지 말며, 혹 그러한 경계가 나타난다 할지라도 그것을 다 요망한 일로 생각하여 조금도 마음에 걸지 말고 심상히 간과하라."

도반과 스승님께 문답감정을 했으나 어떤 확신을 얻지는 못했다. 다만 내 안에서 빛나던 그 오오라의 빛깔들이 '신기한 자취' 요 '요망한 일'로 결론을 낸 것은 그런 현상을 겪으며 내 영혼이 더 맑아지고 사리 간에 밝아진 것은 아닌 것이 분명해서다. 그러나 그러한 일들은 내게 선의 소중함과 선심에 대해서 더욱 간절해지는 계기가 되기도 했다.

V
제 멋에 겨워 흥~

삶의 쉼표가 필요하다.

초록이 깊어 가는 산골짜기, 조석으로 변하는 그 빛깔이 그지없이 사랑스럽다. 언제나 그 자리에 있으면서도 한 순간도 그대로 머물러 있지 않고 변화무쌍한 산, 그 변화의 빛깔은 늘 황홀한 그리움이다. 늘 또 다른 세계를 향해 해바라기 하는 내 역마의 넋을 그는 알고 있는 듯 그렇게 매 순간 새로운 세계를 보여주는 것이다.

원광선원은 교무 두 명을 비롯해서 선원의 트레이드마크인 가짜와 진짜 할머니 두 분, 그리고 식당 아줌마가 함께 살고 있다. 가짜와 진짜 할머니는 하섬과 원광선원의 산 증인으로, 일생을 변산의 바람과 함께 살아온 덕무 가타원 이순일님과 진타원 김만영님이다. "가짜 진짜"는 10여 년 전 잠시 이곳에 휴양 차 왔던 도올 김용옥 교수가 호를 대신하여 불러주던 별칭이라고 한다.

두 분은 퇴임 후에도 편안한 노후를 반납한 채 여기 제법성지의 든든한 지킴이로 여전히 채전 밭을 가꾸며 노동의 나날을 보람으로 일구고 계신다. 오고 가는 이들 모두를 언제나 따뜻하게 품어 안는 오지랖 넓고 참 맑은 영혼을 지닌 두 분의 고향 어머니 손맛을 느끼게 하는 음식 솜씨는 특히 이곳을 찾는 이들의 마음을 단숨에 사로잡고 만다.

그런가 하면 6년을 갈고 닦은 제법성지의 베테랑 안내자 김원공 교무는 도인이 많이 나온 내변산의 수행자답게 남다른 구도일념을 불태우며 깊은 적공의 시간을 보내고, 아직 매사에 어리버리 한 이 몸은 그냥 여기 숨 쉬고 있음에 감사하며 헐렁해진 존재의 충만을 만끽하고 있다. 이렇게 삶의 속도를 늦추고 아무것도 바라는 것 없이 존재하고 싶어 하며…

그러나 현실은 항상 냉엄한 것, 어디나 마찬가지지만 여기 또한 바람과 이슬만으로 살 수는 없는 일터다. 더욱이 제법성지의 지킴이인 이곳은 또 그 본연의 업무가 쉴 새 없이 기다리고 있다. 성지의 부지매입이라는 시급한 현안에서부터 크고 작은 숙제들이 줄줄이 사탕인 걸 어쩌랴. 거기에 부임 당시 "글이나 끄적대는 주변머리도 없는 인간이 거기 가서 뭘 하겠냐"고 시비를 걸던 이들의 고정관념에 쐐기라도 박을 양이면 혁혁한 뭔가를 보여주기 위해 부지런을 떨어야만 할 터이다.

하지만 아직 유효기간은 많다. 그래서 한없이 느슨해져 본다. 어떤 이유로든 뭘 어찌 해볼 량으로 덤벙대기에는 아직 이른 시간이 아닌가. 그래도 내 머릿속을 맴돌며 잊지 않고 있는 것은 있다. 바로 여기가 제법성지 도량이라는 것이다. 제법성지는 대종사께서 새시대의 억조창생을 제도할 큰 그물을 짜신 법생지이며, 초기교서를 초안하고 그를 정점으로 특히 성리에 대한 주옥같은 법문을 무수히 설한 현장이 아닌가. 그런 점을 특성화하여 이곳이 모든 이로 하여금 성리를 온몸으로 체험하는 깨달음의 센터가 되면 좋겠다는 염원을 가져본다.

제 잔이 넘치나이다.

 여름 내 무성하게 잎만 자라던 옥잠화가 얼마 전 꽃대를 쑥쑥 올리더니 드디어 뽀얀 우윳빛 꽃잎을 봉긋 열고 수런수런 피어난다. 초록이 넘치던 앞뜰이 갑자기 눈부신 순백의 꽃잎들로 화안해졌다. 천일기도를 시작한 지 100일째 회향이 다가온다.
 수행자에게 기도란 이미 새삼스러울 것도 없는 일상이며, 그저 삶의 시작이요 끝일뿐이다. 그럼에도 불구하고 다시 천일기도라는 이름으로 오체투지하며 간구 하는 것은 참회와 성찰의 시간이 필요했기 때문이다.
 신선한 바람이 그리웠다. 무디어진 영혼의 세포를 흔들어 깨우고 싶었다. 내 안에서 일상에 매몰되고 관념화 되어가는 교의들, 그리고 어느새 천박한 세속주의와 결탁하고 있는 빛바랜 서원들을 보았다. 종교마저도 적자생존의 법칙과 성장지향의 가치관 속에서 조이고 떠밀며 인간을 치열한 경쟁의 도구로 삼고 있는 이 시대가 많이 아팠다.
 그 망가짐과 절망의 끝에서 숲으로 왔다. 숲에 대해 아무것도 아는 것이 없었다. 그런데도 숲은 나를 오랜 친구처럼 받아주었고, 내 고통스런 상처를 거침없이 내어 맡길 수 있었다. "어느 전생쯤 나는 이 숲 속의 나무였을까?" 그런 운명적 교감을 느끼기도 한다.

숲은 잃어버린 마음의 시간들을 바라볼 수 있게 해준 나의 "모모"였다. 숲은 우리가 더 이상 속도의 노예가 되지 않아도 충분히 행복하고 풍요롭게 존재할 수 있음을 말해준다.

기도는 그 치유와 희망의 경계에서 나를 발견하는 일이었다. 나는 좀 더 내밀하게 내 영혼과 맞닥뜨리며 고통의 실체를 확인하고 싶었고, 참회의 고백과 소중한 인연들의 행복을 기원하며 더 낮아지는 겸손을 배우고 싶었다. 그리하여 우주의 근원이신 그분 곁에 가까이 이르고자 했다.

누군가 그랬다. "우리 삶의 가장 고귀한 목표는 다른 사람의 꿈이 이루어지도록 도와주는 것"이라고, 그리고 그 에너지는 부메랑이 되어 그대의 꿈도 함께 이루어지게 된다고. 그의 말대로 정말 다른 사람의 행복을 기원하는 기도는 곧 내가 행복해지는 일이었다. 그리고 그 기도의 위력은 어김없이 부메랑이 되어 내 삶의 의미를 증거하며 지금 이 잔을 넘치게 한다.

올 여름 폭염은 이곳도 광포했다. 그러나 어느새 붉게 익은 고추를 따내며 그 뜨거운 날들의 은혜를 실감하게 된다. 이 저녁 나는 별이 총총한 밤하늘을 바라보다가 그저 무심히 고요해진다. 산골의 바람과 햇살과 생명들은 이내 가을향기로 깊어가고 내 잔도 넘치고 있다.

밤낮없이 울어대는 매미소리가 유난히 크고 허스키해졌다. 이제 그도 떠날 때가 된 듯 애절한 음색에서 이별이 느껴진다.

조급해하지 말아요.

　산책길에서 만난 숲속의 노란 마타리꽃이 그리움을 간직한 이처럼 긴 목을 하늘거린다. 가녀린 꽃대궁으로 비바람을 용캐도 견뎌낸 모습이 짠하고 대견하다.
　이 산중에도 성난 파도처럼 폭우를 동반한 태풍이 휘몰아쳐갔다. 한창 곱게 익어가야 할 곡식과 열매들은 무참히 꺾이고 쓰러졌다. 무며 배추 등 텃밭에서 이제 막 예쁜 떡잎을 달고 나온 가을 채소들도 앙상하게 여린 뿌리를 드러낸 채 떨고 있다. 식구들은 벌써부터 올 겨울 김장을 담글 수 있을지 모르겠다며 여간 걱정이 아니다.
　점점 기상이변이 심각해지고 있는 이 심상찮은 조짐은 지금 지구가 몹시 아프다는 증거일 것이다. 이미 오래 전부터 진행되어 온 지구별의 기상이변과 생태계의 변화는 인간의 멈출 줄 모르는 오만과 욕망이 불러온 재앙의 시작이라고들 한다. 그럼에도 불구하고 무분별한 개발논리로 자연을 오염시키고 파괴하고 정복하려는 우리의 욕망은 가속도를 내며 더욱 빠르게 질주하고 있다.

인류문명은 선과 악의 두 얼굴을 가진 야누스다. 인간의 욕망이 이룬 문명의 쾌거는 물질의 풍요로움과 편리함을 가져왔지만 역설적이게도 그것은 오히려 인간을 물질의 노예로 전락시키는 독이 되고 있음이다.

산업화 이후, 행복이라는 이름으로 그 풍요로움과 편리함을 누리기 위해서 우리의 삶은 숨 가쁘게 달려왔다. 잠을 줄이고 앞만 보며 열심히 뛰었다. 그러나 웬일인지 행복은 늘 저 만치 달아나고 기계로 전락되어가는 자신을 발견하게 된다. 문명의 속도는 우리의 희망과 행복을 약속하는 보증수표가 될 수 없었다. 오히려 그 속도의 공격성과 파괴력 앞에서 자연은 물론 인간의 자아가 해체되고 삶의 여유와 즐거움은 실종되어버렸다.

어쩌다 차를 몰고 나가면 하루가 다르게 새로 생겨나는 길들을 헤매며 주춤거리는 뒤로 무섭게 경적을 울려대는 이 사회의 조급함이 두렵기까지 하다. 더욱 절망스러운 것은 어느 순간 앞서 머뭇거리는 차를 향해 단 일초도 기다리지 못하고 경적을 울리는 내 모습이다. 속도가 지배하는 사회의 우리들의 일그러진 모습이 아닐 수 없다.

최근 우리나라도 근면성실을 미덕으로 여기던 시대와는 달리 여유와 휴식을 통해 창조적인 삶을 살려는 사람들이 늘고 있다. 삶의 질주보다는 '느림'이 절실해지고 있는 것이다.

이 산골엔 종종 속도의 경쟁에 지쳐 휴식이 필요한 사람들이 찾아온다. 그들은 모두 삶의 기어를 저속으로 줄이고 물질의 풍요보다 마음의 여유를 원한다. 모든 것이 불편하고 느린 이곳에서 그들은 휴식과 내면의 고요를 체험하며 진정한 삶의 대안을 모색하게 된다.

그러나 고속열차에서 내리는 일은 생각처럼 그리 쉽지 않은 듯하다.

숨은 빛깔로

불볕더위와 수마가 교대로 이 땅을 할퀴고 지나가는 동안 여름나기가 무척 힘드셨던지 병상에 계시던 선진님 몇 분이 이승을 떠나가셨다. 모두 들꽃처럼 숨은 빛깔로 향기조차 감추고 소리 없이 일생을 사신 분들이다.

한 선진님의 추모담을 들었다. 초등학교 시절 어느 운동회 날 달리기 대회가 있었다. 유난히 작은 소녀였던 그 분은 여덟 명의 친구들과 함께 달리게 되었다. 시작 신호가 울리자 소녀들은 모두가 앞을 다퉈 힘차게 내달렸다.

소녀는 열심히 뛰었지만 다른 친구들이 모두 그의 앞을 질주해갔다. 얼마를 뛰었을까? 소녀가 문득 뒤를 돌아다보았다. 그의 뒤에는 마지막 한 명의 친구가 땀을 뻘뻘 흘리며 달려오고 있었다. 소녀는 발길을 멈췄다. 그리고는 맨 꼴찌로 달려오고 있는 친구를 기다렸다. 꼴찌 친구가 다가오자 소녀는 얼른 친구의 손을 잡고 "같이 뛰자 응!" 하면서 함께 뛰기 시작했다.

그들은 포기하지 않고 끝까지 뛰어서 마침내 결승지점에 도달했다. 비록 함께 꼴찌는 했지만 두 손을 꼭 잡은 그들의 얼굴엔 미소가 가득했다. 다른 친구들도 모두 그 꼴찌에게 힘찬 격려의 박수를 보냈다.

꼴찌 친구의 손을 잡고 함께 뛰었던 그 소녀는 후일 원불교 교무가 되었다. 그리고 일생을 향기조차 감추고 이름 없는 들꽃처럼 그렇게 사셨다. 남들이 화려한 일등에게 관심을 가질 때 그분은 항상 뒤에 서서 힘겹게 가는 꼴찌들의 손을 잡아주며 그들과 함께 뛰었다. 언제나 가장 낮은 곳에서 지치고 외로운 도반들을 끌어안아 주었던 그분의 추모담을 들으며 보살의 의미를 다시 새겨 본다.

자신이 열반에 들 수 있음에도 불구하고 그 길을 포기하고 지옥문 앞에 서서 중생들의 손을 잡아 열반의 길로 인도하는 보살의 삶이 바로 출가의 길이거늘, 때론 나 혼자 앞서가려고 질주하거나 이웃의 고통을 외면한 채 안일한 길 편안한 길을 좇으려 했던 시간들을 돌아보며 떠나가신 선진님 앞에 부끄러운 마음을 고백한다.

잠깐 멈춰요

　　수시로 집안을 얼찐거리던 도둑고양이 부부가 어느 날 아기 주먹 만 한 새끼 세 마리를 데리고 나타나 정원 은밀한 곳에 둥지를 틀었다.
　　호피무늬 알록달록이와 흰점 검은 점 바둑이, 그리고 한 녀석은 하얀 옷에 하필 콧구멍만 까맣게 칠하고 나왔다. 너무 귀여운 녀석들! 그런데 요 녀석들 보게. 사귀고 싶어서 종종종 다가가 프러포즈를 해보지만 도무지 곁을 주지 않는다.
　　저희들끼리 풀숲을 깡충거리며 벌레들과 장난을 치다가도 다가가면 저만큼 달아나 멀리서 나를 유심히 바라만 보고 있어 애를 태우곤 한다. 맨손으론 안 되겠다 싶어 작전을 바꾸기로 했다. 풀밭에서 뛰어노는 녀석들 가까이에 멸치 몇 마리를 놓아본 것이다. 그런데도 내 성의를 무시한 채 먹이에는 관심 일도 없는 듯 경계의 눈빛으로 나를 뚫어져라 바라만 보고 있으니 참~.
　　그렇지만 또 멸치 주변을 자꾸 서성거리는 녀석들의 눈빛을 보아하니 마치 "멸치만 놔두고 너는 저 멀리로 사라져!" 라고 말하는 것 같기도 하고. 애고~옹! 도무지 종잡을 수 없어 친구 되기가 참 어려운 친구들이다.

하지만 나도 만만치 않은지라 살짝 숨어서 녀석들을 염탐하기로 했다. 역시 인적이 없자 녀석들은 살금살금 먹잇감 쪽으로 다가갔다. 그런데 먹이 앞에서 킁 킁 냄새를 맡으며 한참을 멈춰 있는 것이다. 그리고는 조금 후에야 드디어 요리조리 손발을 굴려가며 맛있게 냠냠거린다.

아니, 녀석들도 멈추는 공부를 한 거야? 그렇지 멈춰서 살피지 않고 무턱대고 먹이를 취했다간 어떤 변을 당할지 모르니까. 멈추는 것은 온전함을 챙기는 공부지. 암~암~ 그렇게 해야지.

중요한 것을 어디에 뒀는지 몰라 허둥대며 찾고 난리를 떨 때가 있다. 그럴수록 찾는 물건은 오리무중 답답해지곤 한다. 이때 허둥대는 생각을 잠시 멈추고 온전함을 챙겨보면 홀연 그 물건의 현주소가 떠오르곤 했다.

눈을 사용할 때도 입을 사용할 때도 마음을 사용할 때도 사용하기 전에 잠깐 멈추는 여유, 그 때 바르게 보고 바르게 듣고 바르게 분별할 수 있는 지혜가 열리는 걸 알 수 있다.

매순간 잠깐 멈추기, 그것은 삶의 지혜와 마음의 평화를 충전하는 길이기도 하다.

제멋에 겨워 흥~!

　　　　　　새벽공기가 뼛속까지 파고든다. 솜을 놓아 만든 좌선복을 둘렀음에도 마치 한데에 나앉아 있는 것처럼 온 몸이 시리다. 바람은 그 두꺼운 솜을 뚫고도 파고든다. 이내 흔들리는 심지를 바라보며 애써 곧추 선 자세를 풀고 여기저기 좌선복을 다독여 바람구멍을 막아본다.

　곧이들릴지 모르지만 이 겨울이 최근 내 생에 가장 지독한 추위인 듯싶다. 산속의 한겨울 체감온도는 바로 원시의 그것이다. 변산의 바다와 산골바람이 시위라도 하듯 매섭기만 한 이곳에서 오랜 동안 잊혀졌던 '살을 에는 추위' 라는 말을 실감나게 체험하고 있는 것이다.

　하지만 아침 햇살이 낙타 빛 겨울 숲을 깨우며 내 창가로 다가오면 온 몸의 한기는 눈 녹듯 사르르 녹아내린다. 내가 머물고 있는 낡은 한옥 법당, 비록 단열이 되지 않아 여기저기 숭숭 뚫린 구멍으로 들어오는 황소바람이 암만 심술을 부려도 이곳이 바로 변산의 3대 명당중 하나라니 그 행운을 마다하고 어찌 바람을 탓할 수 있는가.

더러는 그 산골에 뭣 하러 들어갔느냐고 염려하는 분이 있는가 하면, 나와 딱 어울리는 곳이라고 위로를 보내는 분도 있다. 그러나 그런 염려나 위로와는 상관없이 그냥 시절인연이 닿아 여기 왔을 것이다.

암튼 제법성지가 있는 변산은 단숨에 나를 사로잡기에 충분했다. 작은 금강산이라고 일컬을 만큼 아름다운 산세는 물론 석두암 터를 중심으로 봉래구곡, 인장바위 등 성지의 산천 곳곳이 아직 개발의 검은 손에 오염되지 않아 무엇보다도 대종사님의 자취와 성음을 육성으로 느낄 수 있기에 내겐 더욱 특별하고 소중한 곳으로 다가온다.

고작 작은 표지석 하나 징표로 세워 둔 곳이지만 그 길을 걷고 그 숲에 서면 어디선가 30대의 젊은 소태산의 음성이 들릴 것만 같아 가슴이 떨리곤 한다.

멀리서 중계터널을 지나 불어오는 바닷바람은 하섬의 달빛어린 솔향기를 싣고 온다. 그 향기 속엔 근원을 사모하는 이의 그리움이 배어있다. 산은 바다를 연모하고 바다는 산을 연모하며 수행자의 그리움을 키워주는 이곳에서 나는 오늘도 "제 멋에 겨워 흥~!"하며 보내고 있다.

생명의 보물창고

다른 지역보다 기온이 4~5도 쯤 낮은 내변산 골짜기는 4월이 되면 온 산에 산 벚꽃이 분분하다. 어느 순결한 이의 넋인 듯 맑은 개울물에 떨어진 낭자한 연분홍 꽃잎들은 애잔한 서러움이 느껴진다. 서해바다와 맞닿아 부는 계곡의 바람은 잔인하게 여린 꽃잎들을 흔들어버리고 저 만큼 달아난다. 그리고는 하루가 다르게 이산 저산에 연둣빛 물감을 풀어낸다.

여기 와서야 비로소 4월의 바람, 그 빛깔을 보았다. 연둣빛! 그것은 생명의 빛깔이자. 또한 소멸의 색이기도 하다. 꽃잎이 지고서야 피어나는 연둣빛. 그래서 4월의 바람은 생명에 대한 잔인한 사랑인지도 모른다.

"바람 속에 당신의 목소리가 있고 당신의 숨결이 세상 만물에게 생명을 준다."는 인디안 수우족의 기도에 귀 기울이며 내 산골의 봄은 더 없이 충만하다.

얼마 전 한국 야생화의 대부인 김태정 박사가 회원들과 이곳을 방문했다. 그들은 마당에 내리면서부터 연방 탄성을 자아내며 여기 저기 지천으로 피어난 풀꽃과 인사를 나누기에 바빴다. 마치 선원 마당이 생명의 보물창고라도 되는 듯 그 하나하나의 이름을 부르며 미처 몰랐던 보물들을 자꾸 꺼내놓는다.

언덕배기 텃밭은 물론 자갈만 뒹구는 척박한 마당과 방문 앞 토방 까지도 제멋대로 뿌리를 내리고, 무엇이 급한지 엄지손가락만 한 키에 의기양양하게 오죽 잔은 꽃을 피운 풀꽃까지 씨앗을 맺기 전에 뽑아내야 한다며 식구들은 매일 호미질을 했다. 이제 여름 한 철 내내 풀과의 전쟁을 치러야 할 판이다. 시골생활에 풀은 그만큼 성가신 존재일 뿐이다. 그런데 그 풀들을 경이로운 눈빛으로 바라보며 야생의 향기에 코를 대고 그들의 이름을 불러주는 것이다.

놀라웠다. 그냥 풀이라고 지칭하는 그 모든 것들이 제 각각 다 고유한 이름을 달고 있다는 것이. 잘 아는 민들레며 냉이에서부터 광대나물, 개불알꽃, 별꽃, 개별꽃, 산자고… 누가 붙여줬는지 알 수 없지만 이름을 부를 때마다 여린 목숨들이 보석처럼 빛난다. 미처 몰랐다. 내 뜰에 그렇게 아름다운 보물이 가득한 것을…

한 지인은 "깨달음은 곧 생명에 대한 경외심의 자각"이라고 했다. 그래서 깨달은 자의 심안으로 보면 세상 만물이 모두 부처님이요 은혜로운 존재가 아닐 수 없다. 다시 인디안 수우족의 기도를 읊조려 본다.

"당신이 모든 나뭇잎과, 모든 돌 틈에 감춰 둔 교훈들을 나 또한 배우게 하소서!"

찔레꽃, 그리고 일상

봄이 간 자리에 하얀 찔레꽃 향기가 수줍게 머물고 있다. 한 가인은 그 향기가 슬프다고 노래했던가, 흰 꽃잎을 보면 왠지 눈물이 날 것만 같다.

요즘에 《눈물이란 무엇인가?》 라는 책을 읽었다. 심노숭 이라는 조선 후기에 살다간 한 문인의 산문집인 이 책은 서른 한 살의 동갑내기 아내와 어린 딸의 잇따른 죽음을 애도하는 지아비의 그리움과 정한을 절절하게 풀어내고 있다.

죽은 아내를 생각할 때마다 울컥 쏟아지는 눈물, 그 눈물은 어디에 있다가 나오는 것일까? "눈에 있는 것일까 아니면 마음에 있는 것일까?" 이렇게 시작되는 글은 가부장제의 권위로 무장된 조선의 사대부인 그가 봉건적 이데올로기와 규범으로부터 이탈하여 섬세하고 유려한 필치로 자신의 감정을 진솔하게 표출시키고 있다.

옛사람들이나 지금 우리들이나 사람의 감정은 아마도 별로 다르지 않는가 보다. 그의 애틋한 문장이 시공을 초월하여 콧등 시큰한 감동을 주는걸 보면 그렇다.

하얀 소복의 찔레꽃잎을 보면 요절한 그이의 아내가 떠오른다. 그녀의 슬픈 넋이 어쩌면 찔레꽃으로 피어난 것인지도 모른다고.

찔레꽃 그 하얀 향기가 가슴에 묻힌 그리움의 혼을 깨우는데, 오월은 또 가고 있다. 그리고 벌써 한 해의 중심에 이르렀다. 일상에 매몰되어 살아온 날들이 내 곁에 이내 무심한 그림자처럼 서 있다.

잡지를 만드는 일이란 창조적인 작업이지만 그 실 주기적으로 반복되는 일상의 삶이되기 쉽다. 취재 다녀와서 글 쓰고, 교정보고 인쇄하여 발송하고 나면 다시 그 일이 반복되는 나날이기에 자칫 기본 틀 속에서 매너리즘에 빠지기 쉬운 것이다. 그래서 이 바닥 사람들은 쳇바퀴처럼 돌아가는 일상을 누구보다 깊이 통찰하며 늘 새로움을 추구하고자 한다. 이들에게 타성의 함정은 죽음보다 더 두려운 일이므로.

구도의 길도 마찬가지일 것이다. 편한 일상에 머물러 안일하게 습관대로 사는 이에게 진리의 문은 열리지 않을 것이다.

지금 이 순간

지나가는 객 서너 명이 원광선원 마당에 들어서더니 주인에게 인사말은커녕 양해 한 마디 구하지 않고 황토방을 들락거리며 사진을 찍는 등 야단이다.

방에서 그들의 무례함을 지켜보던 나는 문을 열고 나가 퉁명스럽게 누구냐고 물었다. 그들은 그냥 지나가다 들렸다며 아무렇지도 않은 듯 다시 시끄럽게 떠들며 집안 여기저기를 기웃거렸다.

황토방을 지어놓은 후 한 두 번 겪는 일이 아니지만 특히 이들의 몰상식한 무례함에 기분이 몹시 언짢아졌다. 눈꼬리가 올라가고 밀떨해진 내 표정에도 아랑곳없이 그들은 또 화장실이 어디냐고 묻는다. 나는 마지못해 화장실을 안내하면서도 시종 곱지 않은 시선으로 그들을 바라보았다. 그래서인지 화장실을 나온 그들은 좀 멋쩍어 하는 표정으로 슬슬 마당을 빠져나갔다. 실례했다는 말 한 마디도 없이…

그들이 떠나고, 왠지 씁쓸해진 내 마음을 보는 순간 아차! 싶었다. 내 앞에서 방금 사라진 그들이 바로 무례한 과객으로 현현한 보살인 것을,

그들이 바로 행복과 함께 다니는 불행인 것을 몰랐다. 내 감정에만 집착하느라 바로 그들이 나의 부처고, 나의 복전이고, 나의 공부 대상인 것을 놓친 것이다. 그때가 바로 공부하고 복 짓고 교화할 기회인 것을 미처 알아차리지 못했다.

 늘 오고 가는 사람들 속에서 부대끼다 보니 어느 새 내 영혼이 그렇게 여유가 없고 삭막해졌음을 느낀다. 내내 마음이 씁쓸했다. 내 집에 찾아온 그들을 조금만 친절하고 따뜻하게 대해줬으면 좋은 인연이 될 수도 있을 텐데. 그들이 바로 나의 거울인 것을, 그들을 통해 자신을 비춰보는 공부 기회임을 늦게야 알아차린 것이다.

 그 순간을 놓치고 나서야 바로 지금 여기 이 순간이 내 복전인 것을 깨닫는다. 수많은 사람들을 맞이하고 보내는 제법성지지킴이의 삶은 내게 지금 여기 이 순간의 소중함을 늘 깨우쳐준다.

비움과 채움

    변비 때문에 힘든 아침일과를 겪으며 비우는 배설이 육신을 운전해 가는데 얼마나 소중한 생리작용인지 깨닫곤 한다. 모든 생명은 들숨 날숨을 비롯해서 들어가고 나가는 순환작용을 통하여 존재할 수 있는 것. 그러기에 비움과 채움의 균형이 깨지면 생명활동도 유지할 할 수 없다. 이것이 어찌 육신의 생명에만 필요한 원리이겠는가.
 마음의 작용도 마찬가지 일게다. 욕망을 채우기만 하고 비울 줄 모르면 그 또한 마음의 변비에 걸린 것. 육신의 변비는 몸의 반응으로 바로 알 수 있지만, 마음의 변비는 자신이 지금 변비 상태인 것조차 알기가 쉽지 않다.
 한 해를 보내며, 켜켜이 쌓아온 내 욕망의 찌꺼기들을 비우지 못하고 낑낑거리고 있는 것은 아닌지 돌아본다. 더욱이 인생의 일몰 앞에 선 나는 지금 모든 걸 하나하나 비우고 덜어내고 내려놓아야 할 시간이다.
 일상을 돌아보면 정신 육신 간에 사실 채우는 일보다 비워내는 배설작용이 얼마나 더 유쾌 상쾌 통쾌한 일이던가!

뭔가를 더 갖고자, 더 채우고자, 더 이루고자 늘 급급하고 목말라 했던 시간들이 주마등처럼 스친다. 그렇게 부여잡으려고 했던 것들이 허망하기 짝이 없는 욕망의 찌꺼기라는 것을 이제야 조금씩 알아가고 있다. 수행마저도 상^相과 집착을 벗어나지 못하면 다 허무한 일이 될 터다.

정신 육신 물질 간에 이제 비움만이 남은 인생의 할 일이다. 비움의 그 유쾌 상쾌 통쾌한 카타르시스를 위하여 오늘도 열심히 마음의 배설 운동을 해보자.

겨울 풀처럼

운주교무님,

그대에게 첫 편지를 띄우는 오늘이 바로 대설이라 은근히 첫 눈을 기다렸는데 눈 대신 유난히 푸른 청명한 하늘이 가슴 시리게 하는군요.

올 들어 가장 추운 날씨라고 하네요. 그래서인지 바람이 제법 앙칼지게 코끝을 할퀴며 뼈 속으로 파고듭니다. 무엇보다 갯바람이 센 바닷가 마을에서 막바지 교당 신축 공사를 하고 있는 운주교무님의 건강이 염려됩니다. 임시로 옮겨 앉은 셋방은 따뜻한지? 공사장을 오가며 그 작은 몸으로 겨울바람을 어찌 견디고 있는지요?

교도도 경제적 기반도 없는 그곳에서 교당을 짓는다고 했을 때는 무척 걱정을 했는데 벌써 마무리 공사를 하다니 또 하나의 기적을 보는 듯 경이롭고 기쁜 마음 감출 수가 없습니다.

교당이 세워진지 10년이 넘었지만 여전히 개척지나 다름없는 그곳 보령을 기꺼이 자원한 운주교무님을 보며 "제가 신부가 되면 가장 가난하고 어려운 곳으로 보내 달라"고 기도하던 한 예비신부님의 아름다운 영혼을 떠올리곤 했습니다. 그때 운주교무님은 그 신부님과 조금도 다르지 않았습니다. 그리고 그 모습은 내게 새로운 용기와 꿈을 갖게 했지요.

여건이 좋은 곳에서 마음껏 교화역량을 펼쳐보고 싶어 하는 교역자들의 시류에 아랑곳하지 않고 운주교무님처럼 어려움을 자처하며 소신 있는 선택을 하는 동지들이 있기에 우린 또 다른 희망을 꿈꾸어봅니다.

사실 처음 교화의 활로를 마련하기 위해 교당신축이 불가피하다며 일을 시작했을 때는 운주교무님이 짊어져야 할 짐이 너무 무거워 보여 참 많이 걱정도 했는데 지금 생각하니 그것은 하나의 기우에 지나지 않았습니다. 교무님은 지금 분명히 무에서 유를 창조해내고 있으니까요. '방언공사'의 역사를 이룬 선진님들의 후예답게 말입니다.

운주교무님, 신축불사佛事가 그리 녹록한 일이 아닌데도 힘들어하기보다는 오히려 더 깊이 공부하고 기도하며 항상 밝은 웃음과 여유를 잃지 않는 모습은 그 어떤 불사보다도 아름답고 귀하게 여겨집니다.

교역생활을 하다보면 우린 자칫 외형적인 일 때문에 내면의 보물을 상실할 때가 많이 있지요. 그래서 때론 일은 해내지만 정작 초라하고 삭막해진 영혼으로 남는 경우가 있습니다. 그런데 교무님은 일을 통하여 더욱 풍요로운 내면의 뜰을 가꾸고 있으니 그 또한 진정한 불토장엄이 아닐런지요!

운주교무님, 오고 가는 길섶 마른 풀 사이로 어느새 파릇파릇 겨울 풀들이 자라고 있습니다. 추위가 매서워질수록 초록빛이 더욱 깊어 가는 겨울 풀을 보며 교무님 생각을 합니다. 생명이란 그리도 강인한 것이기에 존귀하고 아름답지요. 구도의 열정으로 그 겨울 풀처럼 늘 푸르게 깨어있는 삶을 살아가는 모습, 그것은 이 길을 선택한 우리들의 바람이고 삶의 표상이 아닐까요?

  오랜만에 편지를 쓰는 일이 조금 서툴지만 가슴이 따뜻해지네요. 마음으로 보내는 이 글이 운주교무님께 더 깊은 사랑으로 전해지기를 바라며 늘 건강하시길 기도합니다. 안녕!

사랑할 시간이 많지 않다는 것을

사랑할 시간이 많지 않다는 것을 왜 몰랐을 까요?
엄마가 전화하면

"엄마 왜? 나 지금 바쁜데, 나중에 전화할게"
"그려, 그럼 어서 일 혀~"

늘 그랬습니다.
엄마는 언제나 그 자리에 그렇게 계시리라 믿으며,
항상 바쁘다고 홀로 계시던 엄마의 외로움을 외면했습니다.

그런 엄마가 바람처럼 훌훌히 저희 곁을 떠나가셨습니다.
"이왕지사 치룰 일인데 힘들게 하지마라!"
자식들의 어리석음으로 병원에서 보름간 연명 줄을 달고
생사를 넘나드는 순간에도 그렇게 마음을 챙기며 이별을 예고하셨지만

우리는 엄마의 손을 놓지 못하고,
다시 일어나 우리 곁에서 여전히 버팀목이 되어주실 줄 알았습니다.
그리고 바보 같이, 바보 같이 뒤늦게야
점점 멀어져 가는 엄마를 잡을 수 없다는 걸 알았습니다.
그제서야 엄마의 귀에 대고 고백했습니다.

"엄마, 힘들고 아프게 해드려서 너무 죄송해요!"
"엄마, 한없이 베풀어 주신 사랑 고맙고 감사해요!"
"엄마, 사랑해요! 하늘만큼 땅만큼, 아니 말로 다 할 수 없을 만큼 더 많이
사랑해요!"

"엄마가 너무 힘드셔서 이제는 엄마를 보내드릴게요.
부디 저희들 생각 다 놓으시고, 아픔도 고통도 두려움도 다 잊으시고,
평소 늘 공부하신대로 오직 청정일념 서원일념 챙기셔서
먼 길 여행 잘 다녀오세요.
다음 생에 다시 만나서 엄마의 사랑과 은혜에 꼭 보은할게요."
"엄마 사랑해요!"

그렇게 끝내 엄마를 보내드렸습니다.

소중한 사람에게 전하는 선물

월간원광이 어언 창간 70돌을 맞이하다니, 감회가 새롭다.

먼저 축하와 응원의 박수를 힘껏 보낸다. 교단의 기관지로 출발한 원광이 안팎으로 잡지산업의 매우 열악한 환경에서도 나날이 발전하여 벌써 5년 째 문화체육부 선정 우수콘텐츠 잡지로 인정받으며 성장하고 있으니 참으로 장하고 대견하다.

잡지편집이 뭔지도 모르는 문외한이 그저 교단의 인사발령에 의해 처음 월간원광에 들어가 수습기자로 좌충우돌 헤매던 때가 벌써 30년 전 일이다. 그 후 주임기자와 편집장을 거쳐 경영과 기획 편집의 총 책임을 맡은 사장으로, 교역생활 13년을 월간원광과 함께하며 참으로 많은 추억을 간직하게 되었다. 그래서 일게다. 그곳을 떠난 후에도 매월 원광을 볼 때마다 그리움이 차오르고 늘 가슴이 설레던 것은…

처음 입사 당시 월간원광은 원광출판사에서 독립한지 얼마 되지 않아 모든 것이 열악한 상황이었지만 우리들은 교단의 정론지요 원불교 문화를 가늠하는 척도였던 유일한 교단지 원광을 만드는 일에 자부심을 가지고 나름 치열한 나날을 보냈다. 잡지를 만드는 것은 여러 전문 인력이 필요한 일이나 우리의 현실은 취재에서부터, 기사, 사진, 편집 디자인, 발송까지 전천후로 토탈맨이 되어 원광을 만들어 낼 수밖에 없었다. 어쩌면 매달 온몸으로 원광을 낳았다는 표현이 더 적절한지도 모른다.

컴퓨터가 없던 시절 원고지에 취재기사를 쓰고, 구독자 주소를 일일이 손글씨로 써서 발송하던 일이며, 교정 때마다 원고 편집을 하는 출판사측 눈치를 살피고 마지막 오케이 교정이 끝난 뒤 발견되는 오자誤字는 무조건 집자集字하여 핀셋으로 붙여놓고 감쪽같이 교정된 글자를 보며 흐뭇해하기 일쑤였다.

당시엔 잘못인줄도 모르고 여기저기에서 남의 컷을 오려 쓰다가 후일 지적소유권이 실행되자 전문가를 따로 쓸 수 없는 처지인지라 부족한 솜씨로 직접 컷을 그려 쓰던 일이 지금 생각하면 가관이 아닐 수 없다. 이 바닥 사람들이 매너리즘에 빠지는 것은 생명을 잃는 것만큼 두려운 일이기에 사장님은 우리에게 늘 일상성을 경계하라고 주문했지만 우리는 또 어느새 거기에 빠져 허우적거리며 변화를 답보한 채 제자리걸음을 걷기도 했다.

진실이라고 쓴 취재기사가 어른들께 심려를 끼쳐 감찰원과 몇몇 윗분들께 불려 다니며 야단을 맞았던 필화사건도 잊을 수가 없다. 마지막 편집이 임박한 날엔 저녁 늦게까지 사무실에 박혀 기사를 쓰고 교정을 보다가 사다리타기로 머리를 식히며 야식내기를 하는 등, 현기증이 날만큼 치열했던 그 마감 풍경들은 이제 한 폭의 아름다운 그림이 되어

기억 속에 남는다. 그렇게 애써 만든 원광이 인쇄를 마치고 나오는 날은 또 마치 산모가 아이를 낳는 심정이 되어 혹여 오타나 잘못된 부분은 없는지 늘 가슴 졸이곤 했다.

온몸은 녹초가 되지만 뜨거운 머리가 식고 정신이 은화처럼 맑아지던 발송작업의 노동삼매는 그립기만 하다.

서울로 상경한 후 지난 몇 년간 원광이 부쩍 성장했음을 공감한다. 그러나 디지털 세상에서 모든 매체와 문화 전반에 엄청난 변화가 가속화되고 있는 가운데 원광 또한 교단 내외로 많은 도전에 직면하고 있음도 사실일 게다. 하지만 그런 변화 속에서 원광이 더욱 굳건해지고 시대와 소통하며 대중과 공감하는 지속가능한 잡지로 발전하여 원불교 문화의 교두보 역할을 하고, "소중한 사람에게 전하는 따뜻한 선물" 같은 잡지가 되길 염원한다. 그리고 다시 한 번 힘찬 응원의 박수를 보낸다. 파이팅 원광!!

불량품

　　　　　　　　　　퇴임을 하고 어렵사리 동산수도원에 입주하게 되었다. 선호도 높은 수도원이라 방 한 칸 얻는 길이 꽤나 지난했지만, 적기에 마침 딱 방 하나가 비어서 내가 숙소를 차지하는 영광을 누리게 되었다. 그래서 자칭 타칭 로또 당첨자라고 축하를 받기도 했다. 그렇다고 불법(不法) 청탁은 아니고, 당첨 조건이 맞아떨어진 거다.

　아무튼 천행으로 수도원에 입주한지 한 달 무렵, 다른 수도원에 사는 한 선배가 축하여행을 가자고 꼬드겼다. 나는 얼씨구나 좋다 하고 덜컥 약속을 했다. 지켜야 될 무슨무슨 규칙과 관습이 즐비한 수도원의 일상이 아직은 적응이 안 되서 답답하던 차였다. 어딘가로 떠날 수 있다는 사실 만으로 마냥 신이 났다.

　여행을 떠나는 날 아침 차 시동을 걸던 선배가 귀가 시간이 늦어질 수 있는데 수도원 문이 잠기면 어떡할 거냐고 물었다. 나는 으스대며 다 들어가는 방법을 알아뒀으니 걱정 말라고 했다. 아무래도 늦은 시간에 돌아올 것 같아서 전날 수소문 끝에 대문 여는 법을 미리 연마해두었던 것이다.

그랬더니 선배 왈 "어어~ 여기 불량품 하나가 들어왔네!" 하는 것이다. "불량품?" 나는 킥킥거리며, "그래 맞네. 아무래도 난 불량품인 것 같아!"하고 격하게 긍정의 고개를 끄덕였다.

고백하자면 뒤돌아보니 내가 걸어온 교역의 길이 결코 모범생의 삶은 아니었다. 어디 나사가 하나 빠진 듯 늘 절뚝거리며 대중 속에 쉽게 적응하지 못했고, 어떤 가치와 의미가 이해되지 않거나 자율성이 결여된 규범과 규칙에 대해 태클을 걸며 자주 불화했으니까. 태생적으로 자유분방과인 나는 교단의 규범 속에서 숨막혀하며 늘 아웃사이더로 머물곤 했으니 일사불란한 조직의 운영에는 그리 좋은 품질이 아니었을 게다.

이런 나를 알고 일찍이 스승께서는 "이방인이 되지 마라! 업을 변화시켜가는 공부가 수행이다."고 일러주셨건만 어디 굽은 가지를 펴는 일이 그리 쉬운 것인가. 그래도 나름 고뇌하며 서원을 키우고, 이 길을 따라 함께 가려고 무진 애를 쓰며 살았다.

조직의 획일적 문화에서 일탈과 도발을 즐기기도 했지만 이탈하지 않고 이 길을 완주했으니 불량품이긴 하나 결코 삶이 후회스럽지는 않다. 화엄의 세계는 천태만상의 다양한 존재가 중중무진 어우러져 사는 세상이니까.

사실 너무 모범생들만 있는 조직은 재미가 없다. 간혹 불량품도 하나씩 있어야 긴장하며 건강하게 발전하는 것이 아니겠는가? 이렇게 불량품에 대한 변명을 해본다.

영모묘원永慕墓園에서

그리운 이들이
여기 다 누워 있네요.

아무것도 생각나지 않아요.
그저 사랑했던 기억 밖에요.

사랑이라는 이름으로
아파했고.
미움마저도 사랑이었음을
오늘 여기서 고백하네요.

나
이제 여기 누울 날 머지않았죠.
그리운 이들이여
내가 올 때까지
안녕!

그 길 위에는
그리움이
있다

발행일 | 원기107년(2022년) 11월 15일
저자 | 강숙원 교무

디자인 | 토음디자인
인쇄 | ㈜문덕인쇄

펴낸곳 | 도서출판 마음공부
출판등록 | 2014년 4월 4일 제2022-000003호
ISBN | 979-11-974429-6-4
주소 | 전북 익산시 익산대로 463, 3층
전화 | 070-7011-2392
값 | 12,000원